VOCÊ:

O INVESTIMENTO COM RETORNO GARANTIDO

CB129509

© Editora DSOP, 2021

Presidente PhD Reinaldo Domingos
Autores Andreia Gomes Feitosa
Ângela Mara Carvalho
Bruno Cavalcanti
Getulio Sanfelice
Henrique Câmara
Herica Gomes
Linda Amaro
Raphael Soprani
Rosi de Souza Ferruzzi, CFP®
Valéria Carmanini

Coordenadora editorial Renata de Sá
Editora de arte Marisa Corazza
Editora de texto Sabrina Levensteinas
Organizador da obra mentor PhD Reinaldo Domingos
Revisor artístico Edilson Menezes
Revisora Gabriela Andrade

Dados Internacionais de Catalogação na Publicação (CIP)
(Câmara Brasileira do Livro, SP, Brasil)

Você : o investimento com retorno garantido / [organizador Reinaldo Domingos]. --
1. ed. -- São Paulo : Editora DSOP, 2021.

Vários autores.
ISBN 978-65-87565-36-1

1. Educação financeira 2. Empreendedores 3. Finanças
4. Finanças pessoais 5. Investimentos 6. Negócios

21-61234 CDD-332.6

Índices para catálogo sistemático:
1. Educação financeira : Economia 332.6
Maria Alice Ferreira - Bibliotecária - CRB-8/7964

Todos os direitos desta edição são reservados à Editora DSOP.
Rua Alba, 88 – CEP: 04346-000
Vl. Pq. Jabaquara – São Paulo – SP
Tel.: 11 3177-7800

"Investimento é toda movimentação do recurso financeiro, cuja **finalidade** está embasada nos seus fins. Os fatores **tempo** e **risco** são imprescindíveis para a sua boa gestão.

Sua função é a de **repor**, de forma parcial ou integral, a **perda inflacionária**. É um agente de **blindagem que potencializa** a sustentabilidade financeira gerada pela **renda passiva**."

PhD Reinaldo Domingos

PhD REINALDO DOMINGOS

Reinaldo Domingos é PhD em educação financeira com a tese sobre a **Metodologia DSOP**. Educador e terapeuta financeiro, idealizador e orientador da Coleção Abefin, é autor do *long-seller Terapia financeira* e do recém-lançado *Por que enfrentamos crises e não estamos preparados*. Publicou diversos livros voltados para os públicos adulto, juvenil e infantil, entre eles coleções didáticas e paradidáticas de educação financeira, academicamente comprovadas, para o Ensino Básico, adotadas por diversas escolas públicas e privadas. É coautor da obra *Juventude plural – Projeto de vida*, aprovada no PNLD 2021. Reinaldo também criou a primeira graduação (tecnólogo), pós-graduação, mestrado e doutorado em educação financeira (presencial e *on-line*) do Brasil. É o idealizador da primeira franquia de educação financeira no país. Em seu canal do YouTube, "Dinheiro à Vista", fala, semanalmente, sobre o tema.

VITÓRIA NASCIMENTO

Como orientador de novos autores da atividade profissional de educação financeira, é com muito orgulho que apresento **"Você: O investimento com retorno garantido"***, a terceira obra do projeto literário "Meu Primeiro Livro", promovido pela Associação Brasileira de Educadores Financeiros (Abefin) e realizado pela Editora DSOP.*

São 10 relatos que convalidam a importância da Educação Financeira no mundo dos investimentos.

Cada capítulo traz evidências e verdades de seus autores, apresentando histórias de vida, suas rupturas e fragilidades e, posteriormente, as melhorias ao conhecer a educação financeira, em especial a **Metodologia DSOP***, da qual sou o mentor.*

Assim como relatado nessas histórias, é preciso ter muita atenção no percurso da sua vida financeira, sobretudo em relação ao dinheiro que você ganha e ao dinheiro que você gasta. Você entenderá que não basta apenas controlar o dinheiro, mas sim buscar pelos verdadeiros propósitos que esse recurso financeiro pode promover.

No universo dos investimentos, trabalha-se Finanças Pessoais, que têm seu foco em números, cálculos e planilhas. Já na Educação Financeira, trabalhamos com o comportamento, a atitude e o hábito. A junção desses conhecimentos promove excelentes resultados que levam o Ser Humano a alcançar a tão necessária sustentabilidade financeira.

Você, leitor, está de parabéns pela iniciativa da aquisição desta obra, pois muitas pessoas até conhecem, mas não colocam em prática esses conhecimentos. Após a leitura desses importantes relatos, recomendo que não pare aqui. Este é o primeiro passo para a transformação financeira da sua vida e da sua família.

PhD Reinaldo Domingos

OS 12 PRECEITOS PARA UMA **VIDA VALOROSA**

ANDREIA GOMES FEITOSA

JOÃO DI PIETRO

O conhecimento não é finito, a cada dia temos de procurar, sem pretextos, desenvolver nossas competências.

Segundo o poeta cubano José Martí, devemos realizar em vida três grandes construções: plantar uma árvore, ter um filho e escrever um livro. Faltava-me o último, mas estou em vias de zerar esse placar e feliz pela oportunidade de mostrar detalhes do aprendizado que relaciona os temas educação financeira e setor de investimentos. No decorrer do capítulo, compartilharei algumas experiências adquiridas durante a minha jornada de vida e, para tal, compilei doze lições que ficarão como legado.

Trata-se de uma curta autobiografia que traz passagens repletas de nuances, sentimentos e emoções, e de significados valiosos para mim, além daquilo que mais interessa a você: o que aprendi em cada situação e como esse aprendizado poderá inspirar os seus caminhos. Minha intenção é que essas lições o incentivem a não desistir dos seus projetos e objetivos para alcançar a tão sonhada liberdade financeira.

Sou a segunda filha de uma família composta de oito irmãos, dos quais sete mulheres e apenas um homem. Atualmente, tenho mais dois irmãos de outros dois relacionamentos do meu pai. Meu pai, servidor público federal, hoje está aposentado com os méritos de um serviço bem prestado ao país. Na época, ele trabalhava na antiga Sucam (Superintendência de Campanhas de Saúde Pública), atual Funasa (Fundação Nacional de Saúde), que se destina a promover saúde pública e saneamento básico. Minha mãe cuidava do lar e dos filhos na pequena propriedade rural onde residíamos. Aos sete anos, passei a morar com os avós na cidade de Porto Nacional, próxima da capital, para iniciar os estudos.

Meu avô foi de grande inspiração para os estudos, sempre me acompanhava e me ensinava quando tinha alguma dificuldade para entender a matéria proposta pela escola. Ele possuía vários baús cheios de livros de grandes autores e me incentivava a lê-los. Isso fez com que passasse a amar a leitura, um legado que reputo como o mais positivo ganho de minha existência, em termos de conhecimento.

Ele também transmitiu algo importantíssimo, o significado da fé, insistindo e me convencendo com a incansável mensagem: "É preciso acreditar!". Repetia tanto que parecia até a torcida do Galo de Minas, o Clube Atlético Mineiro, com o seu famoso grito – *eu acredito!*

Acho até que algum atleticano de passagem pela região de Porto, à época, ouviu isso de sua boca e levou para o Mineirão.

Lembro-me de uma ocasião da infância em que estava bastante febril. Ele prostrou-se, joelhos em terra ao lado de minha cama, orou e, como num passe de mágica, uma hora depois eu estava em frente à TV, cantando e dançando a música da Xuxa. Toda vez que me recordo desse dia, sobrevém à mente a sabedoria popular de que "a fé remove montanhas".

Apesar de bem cuidada pelos avós, sentia muita falta de meus pais. Às vezes, quando passava férias por lá e voltava, enfrentava a dor de ver a mãe chorando na despedida. Meu pai vivia mais pelos interiores, borrifando inseticida para combater o mosquito *Aedes*, uma de suas atribuições na Sucam. Com o tempo, outros irmãos foram crescendo e precisando estudar, daí surgiu a necessidade de mudarmos para a cidade. Assim, eles venderam a propriedade e se mudaram para Porto Nacional. Compraram um imóvel comercialmente bem localizado, aumentaram-no e estruturaram uma pousada.

"A primeira lição que aprendi, e que carrego como preceito a nortear a vida, é alimentar, manter e praticar a fé."

Meu pai conhecia bem a arte de empreender, e a fazia com maestria. Além de servidor público, era agora hoteleiro. À época, explodiram garimpos de ouro pela região, assim como o vizinho Estado do Pará, que também foi povoado por gente esperançosa de encontrar metais valiosos. Então, a pousada estava sempre repleta de garimpeiros que vinham "gastar na cidade".

Ele ganhou muito dinheiro e investia em lotes na capital vizinha que estava nascendo, Palmas. Trabalhador nato e de visão macro, repassava aos filhos a máxima: "Trabalho é honra, dignifica e enobrece."

Espelhada nesses princípios, procuro sempre seguir seus ensinamentos, embora às vezes tropece aqui e ali. Mas, quando uma perna bambeia, já estou com a outra me equilibrando, assim como em "O bêbado e a equilibrista", lindíssima poesia/canção composta por João Bosco e Aldir Blanc, homenagem a Charlie Chaplin, na voz de Elis Regina.

A força do trabalho, portanto, fica registrada como o segundo preceito.

Fui uma criança ativa, praticante de esportes e muito ligada às artes da dança, inclusive tornei-me integrante de uma companhia de ballet. Certa vez, ainda pré-adolescente e fazendo parte do elenco que interpretava a peça teatral *O Lago dos Cisnes* – em que treinei por um ano –, quando subi ao palco e chegou a vez de fazer minha parte na responsabilidade pela coreografia, sobreveio aquele branco que às vezes dá em viajante de primeira viagem, o tal barriga verde. Nervosismo, né?

O que fiz? Desandei a improvisar. Sorte que a plateia ovacionou. Não sei se por dó, ignorância dos fatos ou se o estilo me salvou. De todo modo, em qualquer tipo de dança, o estilo sempre se fez presente em mim, até mesmo no lado prático da vida, que não raro nos convida ao improviso das circunstâncias.

Só não me livrei da decepção que vi estampada nos olhos e no semblante da professora, que não demorou a perguntar:

– O que houve? Você treinou tanto, se esforçou tanto!

A experiência me marcou de maneira inesquecível e serviu para que se tornasse o terceiro preceito de vida para mim, que também recomendo a você: foco, atenção.

Aos quatorze anos, convenci meu pai a montar, em um cômodo adjacente à pousada, uma banca de revistas para eu administrar. Ele aceitou, mas o negócio se mostrou um redundante fracasso.

Decidida a entender, fui atrás do motivo e já desconfiava qual seria. Encontrei nos guarda-roupas de alguns irmãos, em meio a badulaques, pilhas de revistas *Capricho, Sétimo Céu*, gibis. Eram tantas, que se as juntasse no mês de junho e tacasse fogo, economizaria a lenha das festas juninas de toda a cidade.

Colecionando, imaginou?

A bem da verdade, essa mania de coleção não ficava restrita a eles. Eu também padecia do mesmo mal, fazia minhas coleçõezinhas, notadamente de publicações que versavam sobre... sobre... bem, todos os temas, vai. Daí, pensem. Meu guarda-roupa andava mais inchado que ego de artista global.

Aliás, no caso, não foi um mal por completo, pois se a coitada da banca padecia financeiramente, ficava cada dia mais mirradinha, em compensação, com a leitura, engordava o conhecimento, a cultura.

Devido à falência da banca, resolvi mudar de ramo, dessa vez para o de alimentos. Montei um restaurante no cômodo da frente, adjacente ao hotel. Aí sim, comecei a faturar grana boa para os padrões.

Algum tempo depois, com a separação dos meus pais, apareceu uma proposta tentadora e passei o ponto adiante. Conclusão: um negócio que começou do zero foi vendido por ótimo valor. A visão para empreender (mesmo que não dê certo na primeira vez) é o quarto preceito que ficou como lição de vida e, decerto, fará a diferença em sua vida.

Quando vendi o restaurante, o fiz também por ter recebido uma proposta para lecionar Matemática em uma escola do Ensino Fundamental (anos finais) e Ensino Médio, justamente a disciplina que não era o meu forte, dada a dificuldade que tinha com os números.

Mas tomei aquilo como desafio e, além de ensinar, passei a aprender. Fui fazer reforço, pesquisar, elaborar planos de aula, provas, e fiquei tão familiarizada ao tema, que contribuiu para o vestibular em que fui aprovada na área de Economia. Se você quer aprender, ensine; é o quinto preceito que assimilei e, agora, partilho.

Foi por essa época que conheci meu esposo, Delves, com quem teria dois filhos, Nicole e Danilo. A menina, infelizmente, faleceu com poucos dias de vida, pois nasceu com malformação congênita no coração. Fiquei desnorteada, mas, após uns tempos, me apegando muito a Deus, consegui me conformar mesmo que momentaneamente, pois algo que nunca se aplaca é a dor dos pais que precisam enterrar um filho.

Lidando com a dor da perda, segui procurando desafios. O setor do marketing multinível (MMN) começou a encontrar protagonismo no Brasil e a empresa Amway se destacava por aqui nesse segmento. Fui convidada e resolvi entrar, pois tinha facilidade e articulação para as vendas. Em pouco tempo, formei uma expansiva e expressiva rede de pessoas.

Foi uma escola para mim. Conheci pessoas que traziam experiências de várias partes do mundo, participei de eventos, palestras e treinamentos em Curitiba, Fortaleza, Belém e outros lugares. Aprendi que os livros de desenvolvimento pessoal contribuem sobremaneira para o crescimento interior, e que sonhar é uma das principais molas propulsoras do ser humano. Afinal, sem sonho é difícil chegar a algum lugar e, na ordem inversa, todo "lugar" conquistado partiu do sonho de alguém e não faltam biografias de sucesso para provar essa lógica.

O marketing multinível proporciona tudo isso. Logo, *network* é o sexto preceito que assinalo. Apesar do grande sucesso da Amway no Brasil, no início não logramos êxito, pois, apesar de os produtos serem de excelente qualidade, os impostos de importação os encareciam, inviabilizando a compra para a maioria dos brasileiros com menor poder aquisitivo.

Além da Amway, participei de vários outros processos de MMN, como Herbalife, Mary Kay, UP Essência e Hinodê. Sem exceção, as experiências me ajudaram a ter uma renda extra que no futuro contribuiria para o processo de independência financeira. A despeito dos problemas e das dificuldades, cada vivência resultou em lições e benefícios extraídos, o que me leva a resumir o sétimo preceito: de um limão, faça uma limonada.

O primeiro passo para um sonho se tornar realidade é retirá-lo do mundo das ideias e transformá-lo em ação, fazendo o que meu avô ensinou com maestria: acreditar que será concretizado. Na pior das hipóteses, os sonhos podem até não se tornar reais, mas você só saberá se aceitar o desafio e colocá-los para funcionar. Antes disso, qualquer suposição de que vai ou não dar certo está distante da realidade. Logo, o fracasso pode até derivar da tentativa, mas sempre haverá a perna sã para equilibrar a outra que manca e tentar outra vez, o princípio Charlie Chaplin. Quantos deixaram de vencer por não tentar?

Então, a palavra-chave do oitavo preceito é acreditar.

Depois de trabalhar por um tempo com MMN, passei em um concurso da Telegoiás e outro do Estado. Optei pelo Estadual e, desde 2002, dou o melhor de mim pela missão de servir aos cidadãos. O que posso dizer é que todo o aprendizado que obtive anteriormente nas citadas empresas foi útil e me trouxe até o propósito de carreira, mesmo considerando as vitórias e os fracassos que fazem parte da vida.

O órgão que trabalho no Estado é a Secretaria da Fazenda, no cargo de Coordenadora do Grupo Estadual de Educação Fiscal, responsável por promover a educação fiscal do Estado do Tocantins, que visa despertar na sociedade o pleno exercício da cidadania e do controle social.

Acumulo a função de Diretora de Controle Social no Observatório Social de Palmas, tendo como atribuição os mesmos preceitos.

Perseverança, este é o nono preceito. Porém, lógico que a pessoa não pode parar no tempo, deve buscar o desenvolvimento pessoal e profissional de forma contínua, e foi aí que entrou em minha vida o processo de *coaching*, um divisor de águas. O conhecimento não é finito, a cada dia temos de procurar, sem pretextos, desenvolver nossas competências.

Um ano após a realização do curso, eu não havia produzido nenhuma ação referente ao aprendizado, mas sentia a necessidade de especializar-me em algum setor do *coaching*. A área governamental onde presto serviços resolveu implantar um curso de Educação Financeira, pois 90% dos servidores encontravam-se endividados, com empréstimos contraídos e, alguns, assumindo até novos empréstimos para quitar os anteriores.

A empresa responsável por ministrar o evento foi a DSOP. Concluí o curso e, ao final, encantada pelo tema, demonstrei ao instrutor o meu desejo de trabalhar com Educação Financeira. Ele me instruiu quanto ao caminho que deveria seguir. Entrei de cabeça, me dediquei, estudei, coloquei em prática e, tempos depois, me tornei vice-presidente da Abefin (Associação Brasileira de Educadores Financeiros).

Sou uma pessoa feliz e realizada, tanto na vida pessoal quanto na profissional. Aprendi, graças à DSOP, a transformar hábitos financeiros nocivos em saudáveis. Por isso, registro o autoconhecimento como o décimo preceito. Tracei um longo caminho profissional para descobrir que na Educação Financeira se encontrava outra parte da minha missão de vida. O que sugiro a você: conheça-se por dentro e saberá escutar a voz interior que guia os seus passos, tal qual escutei a minha, ao falar com o profissional que mostrou qual seria a rota financeira a trilhar até chegar à vice-presidência da Abefin.

Antes de construir minha contribuição para o livro que está diante de seus olhos, planejei listar dez preceitos; no entanto, a sabedoria popular diz que devemos entregar mais do que o prometido, e isso me levou a investigar outros dois preceitos que pudessem inspirar a sua caminhada.

Sempre gostei do idioma espanhol e quis aprendê-lo. Em busca de autoconhecimento, encontrei um grupo na internet com o mesmo objetivo, e olha que ótimo: estou praticando a conversação nessa nova linguagem.

Lógico que, ao surgir a oportunidade, não pensei duas vezes. Entrei de imediato e tenho adquirido conhecimento em duas vertentes, aumentando a base cultural e agregando valores. Essa é uma dica que, espero, possa contribuir bastante para aumentar o desenvolvimento das suas competências comportamentais.

Agregar valores, registre-se, é o nosso décimo primeiro preceito.

Ao começar algo, há de existir o receio de sobrevir o fracasso, algo natural até. O conselho que dou é o seguinte: respeite e escute o que há por trás do medo que você pode sentir, mas não se permita ser prisioneiro dele. Ganhar ou perder faz parte do jogo, mas se a pessoa entrar em um projeto com pensamento positivo, as chances de vitória se tornam maiores.

Sempre tive um certo acanhamento para falar diante das câmeras. Travava, gaguejava, e creio que muitas pessoas, nas primeiras vezes, passam por isso. Então, criei um canal no YouTube chamado "Testando Ideias", que foi importantíssimo para adquirir melhor desenvoltura e superar o paradigma do temor. Como resultado, hoje consigo produzir conteúdo em vídeos e *lives* sem nenhum constrangimento. Isso tornou-se algo natural para mim, o que demonstra que a prática é algo que deve ser estimulado. Desafie-se para lidar com o fantasma do medo, este é o décimo segundo e último preceito.

Você deve ter reparado que usei um conjunto de metáforas para abordar competências, experiências e escolhas que podem mostrar o caminho da independência financeira, dos sonhos, empreendimentos e investimentos. Foi uma maneira de mostrar "um jeito diferente" de chegar lá. Eu consegui trilhar o caminho e sigo nele. Tenho certeza de que você também conseguirá, mas lembre-se de considerar os 12 preceitos:

Preceito 1 ***fé***
Preceito 2 ***força do trabalho***
Preceito 3 ***foco, atenção***
Preceito 4 ***empreendedorismo***
Preceito 5 ***quer aprender, ensine***
Preceito 6 ***network***
Preceito 7 ***de um limão, faça uma limonada***
Preceito 8 ***acreditar***
Preceito 9 ***perseverança***
Preceito 10 ***autoconhecimento***
Preceito 11 ***agregar valores***
Preceito 12 ***desafiar-se para lidar com o fantasma do medo***

Pratique os doze preceitos sem moderação, diariamente, e tudo vai dar certo!

ANDREIA GOMES FEITOSA

Educadora e Terapeuta Financeira DSOP, Vice-Presidente e membra Tocantins--Abefin, tem formação em Coaching, PNL e Análise Transacional. É palestrante, economista com MBA em Planejamento e Gestão Estratégica e pós-graduanda em Gestão de Investimentos e Educação Financeira. Já exerceu cargos de assessoramento, gerencial e de coordenação na Escola de Gestão Fazendária, e foi Diretora de Assuntos Institucionais e Aliança no biênio 2019/2020 no Observatório Social de Palmas. Atua há mais de 18 anos no serviço público no Governo do Estado do Tocantins, na Secretaria da Fazenda, com projetos focados em Educação Financeira, Educação a Distância e Gestão do Conhecimento. Desde 2018 exerce a função de Coordenadora do Grupo Estadual de Educação Fiscal (GEEF) e é Diretora de Controle Social do Observatório de Palmas Biênio 2021/2022.

DESMISTIFICANDO **INVESTIMENTOS**

ROSI DE SOUZA FERRUZZI, CFP®

TALL PRODUÇÕES

Todas as pessoas podem investir, independentemente do potencial financeiro. Tudo começa por um propósito e os sonhos podem ser os motivadores para proporcionar uma vida com mais qualidade.

São 37 anos de atuação em instituição financeira. A paixão por investimentos iniciou-se em 2000. Diante da possibilidade de fazer o curso preparatório para a Certificação Profissional ANBIMA[1] – CPA-20, me identifiquei com o tema. A partir daí não parei mais de buscar especialização, o que possibilitou, em 2013, conquistar a *Certified Financial Planner* (CFP), sempre aprendendo a aprender, somando 17 anos na função de Instrutora de treinamento e desenvolvimento de pessoas. Foi desafiador e a formação na área da Psicologia ajudou a entender e ajudar pessoas e famílias.

Os exemplos que trago da infância sobre os investimentos se relacionam com a educação que recebi. Meu pai era o único provedor e minha mãe administrava o lar, cuidando das cinco filhas. O meu pai se preocupava em manter sempre uma reserva financeira. Claro que o fazia na caderneta de poupança, o mais tradicional dos investimentos, principalmente na década de 1980.

Percebe-se que há muita carência de informação acerca dos investimentos, principalmente entre as pessoas que não pertencem à área financeira. Como fazer para ajudá-las a melhorar o entendimento e adquirir mais confiança diante de uma escolha, minimizando os riscos que esse mercado pode ter? Com certeza é por meio da educação, do aprendizado. Portanto, não se trata apenas de aprender as regras dos investimentos de maneira direta, mas de entender o caminho que deve ser seguido para lidar melhor com as finanças pessoais.

A educação financeira deve ser prioridade mundial, pois além de refletir o cuidado de manter pessoas com as finanças em ordem, também ajuda o crescimento e os desenvolvimentos de natureza econômica, financeira e social dos mercados, entrando como uma forma de ajudar a ter atitudes mais assertivas na lida com o dinheiro e, por consequência, saber tomar as melhores decisões financeiras, tanto em soluções de investimento quanto em crédito.

[1] *Associação Brasileira dos Mercados Financeiros e de Capitais*

Torna-se, portanto, um dos pilares mais importantes na formação do indivíduo e, à medida que os índices de endividamento das famílias brasileiras não cedem, esta pode ser uma maneira de mudar a realidade. Além disso, as pessoas que conseguem ter a capacidade de poupar estão, em sua maioria, com recursos investidos na caderneta de poupança e na primeira oportunidade ou necessidade, utilizam para ajudar a quitar dívidas.

A importância de reforçar a necessidade de formar uma poupança (presente e futuro) e de fazer um planejamento financeiro parte do princípio de que é relevante saber qual o momento de vida em que se encontra, em qual dos "microciclos" de seu ciclo de vida está, além de levar em consideração as principais necessidades. Quanto mais cedo começar, melhor será para a saúde financeira.

No desenvolvimento de competências financeiras, o planejamento financeiro é, na prática, uma das formas de ajudar a pessoa a definir prioridades, para que suas escolhas sejam mais conscientes e assertivas, com o horizonte de tempo bem definido para curto, médio e longo prazos. Contribui também para alinhar os gastos ao padrão de vida real, com os valores pessoais inseridos na busca por tornar os projetos de vida uma realidade, gerando aprendizagem com educação financeira, o que resulta em adquirir a capacidade de poupar todos os dias.

Investir é diferente de poupar? Sim, pois poupar é o resultado positivo entre as receitas (entrada de recursos) menos as despesas (saída de recursos).

Uma das formas de utilizar esse resultado positivo com sabedoria é investir para alcançar os sonhos. Afinal, investir é aplicar o dinheiro em algo que renda juros e correções monetárias, proporcionando aumento de patrimônio, tanto físico quanto intelectual.

Para adquirir confiança e minimizar os riscos que existem ao investir, é importante ter aprendizado e informação, mesmo que seja o básico sobre investimentos, o que pode ajudar nas escolhas diante de tantas opções, sobretudo quando existem necessidades de curto, médio e longo prazos.

Todos os investimentos possuem algum tipo de risco, e antes de decidir, é preciso avaliar fatores, pois dependerá do motivo, do cenário apresentado pelo mercado, do tempo e do perfil de risco do investidor.

Primeiramente, deve-se fazer a pergunta: qual é o propósito para investir o dinheiro poupado? Conforme pesquisa "Raio X do investidor brasileiro" da ANBIMA (2020), 44% investiram, sendo que 43% buscam segurança financeira e destes, 84,2% optaram pela caderneta de poupança. Comparado aos resultados da pesquisa de 2019, houve uma redução dos investidores da poupança e isso se deve a uma taxa de juros no menor patamar dos últimos anos. Isso pode representar um marco, a partir do qual segurança e retorno tendem a andar juntos.

Como não há investimento sem riscos, as escolhas devem ser pautadas por informação, para que os riscos sejam minimizados e gerenciados, de preferência contando com a orientação de profissionais da área financeira. Os riscos mais comuns para o investidor são:

- Mercado: diretamente relacionado às oscilações de juros, moedas, inflação e preços;
- Crédito: a possibilidade de não pagamento por parte do devedor, no caso de adquirir ativos de renda fixa[2];
- Liquidez: significa maior ou menor facilidade de transformar um ativo em dinheiro.

Mesmo em cursos de investimento, sempre há a necessidade de iniciar com orientações de educação financeira para que as pessoas entendam a base de um planejamento financeiro, cuja eficiência depende de colocar em prática os conceitos da educação financeira, principalmente porque deve existir a capacidade de poupança para começar a investir.

[2] *São ativos de crédito que representam dívidas do emissor, por exemplo, os títulos públicos federais emitidos pelo governo federal, ou os Certificados de Depósito Bancário (CDB) emitidos por instituições financeiras.*

Para que as escolhas sejam assertivas, é necessário entender as nuances dos principais indicadores financeiros, bem como interpretar as oscilações dos elementos taxas de juros, inflação, moedas e preços, considerando o horizonte de tempo, os objetivos, os sonhos e o perfil de risco do investidor, além do impacto desses elementos no retorno esperado de um investimento.

Uma das principais maneiras de pautar as escolhas de forma mais simples antes de investir é avaliar o tripé rentabilidade, liquidez e risco.

A rentabilidade está ligada a quanto irá render; a liquidez é a garantia de que poderá resgatar a qualquer momento; e o risco, se poderá perder dinheiro. Ao relacionar com objetivos, tempo, valor e tolerância a risco, fica mais fácil decidir pelo investimento. E o melhor dos mundos seria ter a rentabilidade tão desejada com a liquidez imediata e, claro, sem nenhum risco.

Como não existe mágica, deve-se buscar a melhor relação retorno *versus* risco, respeitando a premissa "quanto maior o retorno esperado, maior o risco a assumir" e vice-versa.

Se a pessoa está preocupada somente com a rentabilidade, pode se esquecer de três consequências:

- custos incorridos em algumas modalidades de investimento, como taxas de administração e corretagem;
- tributação agregada ao produto, como o imposto de renda;
- inflação do período, cuja variação pode comprometer o ganho real do investimento.

A citar um exemplo pessoal, mesmo com todas as informações adquiridas por meio dos estudos para as certificações de investimento, foi difícil começar a investir antes de 2008, pois ainda não tinha capacidade de poupança, que foi adquirida aos poucos. Porém, o meu perfil de risco como investidora era conservador e, por não gostar de assumir riscos maiores, os retornos foram também conservadores. Hoje, dado o conhecimento que muda tudo, o perfil passou para arrojado e, mesmo assim, na prática, continuo mais moderada, ou seja, o percentual dos investimentos que assumi com mais risco é mínimo.

Vale ressaltar que esse exemplo pode ser parecido com o de muitas pessoas, porém, lembre-se de que às vezes só conhecimento não basta sem uma base que estruture os seus objetivos; é preciso estar disposto a correr riscos maiores para conquistar retornos acima da média de mercado.

Quando a pessoa se permite aprender e ser orientada em qualquer fase de sua vida, seja qual for o seu perfil financeiro, endividada, equilibrada ou poupadora, terá mais equilíbrio nas escolhas das finanças pessoais e poderá conquistar a tão sonhada sustentabilidade financeira, que aumenta a qualidade de vida hoje e no futuro, gerando um ganho prático e mensurável que traz benefícios imensuráveis.

Questões relacionadas ao uso dos recursos financeiros, tanto para os gastos de primeira necessidade quanto para as decisões de investimento, devem ser pautadas por informações e conhecimento básico.

"Ser assertivo ao tomar decisões dependerá da quantidade de informações que tivermos sobre as emoções e como elas podem influenciar nas escolhas, sejam elas financeiras ou não."

Um pouco de teoria não faz mal a ninguém. Ao contrário, ajuda a se familiarizar com os tipos de investimento mais tradicionais do mercado, seus principais riscos e custos envolvidos, como despesas e tributação. Para tanto, apresento alguns conceitos básicos.

INVESTIMENTOS DE RENDA FIXA

A renda fixa é um ativo financeiro que representa crédito ou dívida, como uma obrigação do emissor que proporciona rendimentos aos que adquirem os títulos, por meio de indexadores (por exemplo, taxa de juros) determinados quando de sua emissão. Sua remuneração pode ser baseada em taxas de juros prefixadas (definidas na emissão) ou pós-fixadas (não se conhece os rendimentos gerados quando da emissão, pois dependerá do comportamento do indexador escolhido, a exemplo CDI[3], SELIC[4], IPCA[5]).

Nesses investimentos, há incidência de imposto de renda, porém, em alguns casos, isenta-se os rendimentos à pessoa física, a exemplo da caderneta de poupança, LCA[6] e LCI[7]. Incide também o IOF[8]. Os riscos inerentes a esses investimentos são de mercado, crédito e liquidez.

INVESTIMENTOS DE RENDA VARIÁVEL

É o nome dado aos produtos de investimento cujos rendimentos dependem das condições do mercado (conjuntura econômica), pois não se conhece antes quais serão os rendimentos, que geralmente são maiores, porém os riscos caminham proporcionalmente, podendo ocasionar perdas até mesmo do valor principal investido.

Há a incidência de imposto de renda com regras específicas de isenção para rendimentos gerados por pessoa física. Possuem despesas como a incidência das taxas de custódia (guarda) e corretagem (custo de uma corretora, por exemplo). Seus riscos são os de mercado, liquidez e da empresa (a exemplo das ações).

FUNDOS DE INVESTIMENTO

Conhecidos como uma comunhão de recursos, são constituídos sob a forma de condomínio, para aplicação em ativos financeiros. Várias pessoas se reúnem com objetivos comuns, como aplicar seus recursos (dinheiro) em ativos financeiros disponíveis no mercado.

Cada investidor será um cotista, pois deterá uma quantidade de cotas proporcional ao valor investido. Há vários tipos de fundos de investimento

[3]Certificado de Depósito Interfinanceiro; [4]Taxa de juros básica da economia brasileira; [5]Índice de Preços ao Consumidor Amplo; [6]Letra de Crédito do Agronegócio; [7]Letra de Crédito Imobiliário; [8]Imposto sobre Operações Financeiras

e o custo principal para o cotista é a taxa de administração advinda do serviço prestado pelo administrador do fundo. A tributação será o imposto de renda e o IOF, conforme regras específicas. Os riscos são os de mercado, crédito e liquidez, pois as carteiras dos fundos investem em diversos mercados (juros, inflação, moedas e renda variável), de acordo com as especificações de suas classes.

COMO MINIMIZAR OS RISCOS DOS INVESTIMENTOS DE MANEIRA SIMPLES

A forma mais comum de minimizar os riscos ocorre por meio da diversificação, sem colocar todo o dinheiro em um só investimento. O de crédito pode ser minimizado por escolhas de investimento que possuam a garantia do Fundo Garantidor de Crédito (FGC) e de emissores com boa classificação de risco de crédito (*rating*). Para minimizar o risco de mercado, a diversificação se faz necessária, na qual se protege de uma oscilação da taxa de juros, por exemplo, com taxas pré e pós-fixadas e renda variável, sendo que a oscilação de um investimento pode ser compensada pela cautela do outro, compondo a cesta de produtos do investidor.

Quanto ao risco de liquidez, ao se dividir os objetivos e sonhos de curto, médio ou longo prazo, a ideia é buscar escolhas mais conservadoras de investimento, com liquidez diária para o curto e para os demais prazos, assumir investimentos com um pouco mais de risco, ficando com a possibilidade de retornos melhores.

Decisões financeiras não são fáceis de se adotar, principalmente as que estão relacionadas com a equação: "O que fazer com o dinheiro, investir ou gastar?".

Possuir informações e ter propósitos ou sonhos definidos podem minimizar o efeito das escolhas por impulso, e evitar que sejamos atropelados por armadilhas como o excesso de confiança, que muitas vezes tem relação direta com a sensação de autossuficiência, isto é, ignorar a opinião de quem conhece o mercado.

Vejamos um exemplo de estratégia para dividir o dinheiro poupado:

- Reserva de segurança até um ano = alta liquidez e baixíssimo risco;
- Projetos de vida de um a seis anos = equilíbrio entre liquidez, risco e retorno acima da média do mercado;
- Liberdade financeira sob a ótica da longevidade = baixa liquidez com estratégia de longo prazo. Pensar em sucessão, crescimento e inflação, para não perder o poder de compra do dinheiro.

POR ONDE VOCÊ COMEÇA?

"Toda decisão, seja ela pequena ou grande, precisa de reflexão, de planejamento e, principalmente, de proatividade. Se não tiver a ousadia de mudar, de colocar em prática, todo aprendizado ao longo da vida terá sido em vão."

Uma pequena mudança de atitude pode gerar um efeito muito maior lá na frente, mas é preciso começar, livrar-se da crença de que investimento é um produto exclusivo de milionários.

O mais importante é que esses conceitos possam proporcionar um *insight* e fazer a diferença para melhorar a sua vida, valorizando os recursos financeiros conquistados pelo suor do esforço, com rentabilidades justas e adequadas aos projetos de curto, médio e longo prazos.

"Quanto mais conhecimento e informação adquirir, maiores serão o aprendizado, a experiência e a segurança para proceder as melhores escolhas".

Pense nisso...

ROSI DE SOUZA FERRUZZI, CFP®

Nascida no interior de São Paulo, primeira de cinco filhas de Nelson e Nadir, que, com muita criatividade, deram-nos os nomes de Rosi, Rosilene, Roseli, Rosilei e Rosicler. Nossa educação foi regada com muito amor, integridade e sabedoria. Conquistei meu primeiro trabalho aos 19 anos para custear a faculdade. Desde então, não parei mais de estudar. Sou casada com Carlos e tenho uma filha, Marianne, formada em Direito e futura Designer de Games.

A paixão por investimentos teve origem nos meus 37 anos de atuação no mercado financeiro, mais precisamente em um grande banco, responsável pelo meu aprendizado, minhas conquistas, além de uma vasta experiência como Instrutora de Treinamento e Desenvolvimento de Pessoas e Palestrante da área financeira, sobretudo no tema investimentos.

Sou mestre em Business Administration in Financial Education pela Florida Christian University, pós-graduada em Educação e Coaching Financeiro – DSOP e Psicopedagogia, com MBA em Controladoria e graduada em Psicologia e Pedagogia.

Como docente em pós-graduação em matérias sobre investimentos, contribuí com um dos meus principais projetos de vida: transferir meus conhecimentos sobre investimentos e educação financeira por meio de cursos e palestras a quem se propõe a aprender a aprender.

Além disso, hoje sou Planejadora Financeira Pessoal, da Consultoria Splendys, pois acredito no propósito de ajudar as pessoas a transformar suas vidas, para terem um futuro mais digno com sustentabilidade financeira por meio do planejamento financeiro, com dedicação, educação e ética.

COMO **INVESTIR** COM MAIOR **CONFIANÇA** E **MENOR RISCO**

LINDA AMARO

RICARDO AUGUSTO

A educação financeira e o dinheiro, potencializados pelo rendimento dos investimentos, antecipam seus sonhos.

Venho de família humilde. Comecei a trabalhar muito jovem para ajudar os meus pais. Os meus quatro irmãos também começaram a trabalhar cedo. Em julho de 1984, vivenciei o primeiro emprego com registro em carteira. Tinha completado 15 anos e estava radiante pela possibilidade de receber um salário todo mês.

Quando recebi o primeiro salário, já tinha um sonho a realizar, um sonho de minha mãe que também me realizaria.

Na loja Eduardo Calçados durante o período da manhã, mamãe trabalhava duro para nos sustentar. De lá, seguia para o segundo trabalho, no *Car Center* Moto Jumbo do Abílio Diniz, como copeira, em uma rotina que começava às 7h e terminava às 22h. Como a maioria das mulheres, além do trabalho, ainda se responsabilizava pela rotina da casa.

Comprei uma máquina de lavar da Brastemp. Minha mãe ficou muito emocionada e grata. Depois vou contar para vocês a consequência da realização desse sonho. A partir do segundo salário, comecei a guardar dinheiro para o segundo sonho, que também contarei em breve.

Em 1987, fui contratada por uma das maiores instituições financeiras do país, o Banco Bradesco, no qual cheguei ao cargo de gerente de agência dos segmentos *prime* e varejo. Nessa trajetória, adquiri muita experiência na gestão de pessoas, lidando com gente endividada, ajudando os investidores de perfil conservador, moderado e arrojado.

Vou contar para vocês um pouco da trajetória, os erros que cometi em investimentos e como a vida mudou depois que conheci a educação financeira com a **Metodologia DSOP**, que potencializou a minha independência financeira. Prepare-se para uma viagem que pode mudar a sua vida.

Investir com educação financeira, planejamento, objetivo e prazo é uma ação que antecipa a sua independência financeira.

Uma pergunta muito comum para nós é:

– Qual é o melhor investimento, o que está rendendo mais?

A melhor resposta é:

– Depende.

Para responder, precisamos conhecer o perfil do investidor, saber se é conservador, moderado ou arrojado, o planejamento em relação à utilização do recurso, e se o sonho é de curto, médio ou longo prazo, para adequar a necessidade ao tipo de investimento que atenda e corresponda ao perfil.

Segundo dados da Associação Brasileira das Entidades dos Mercados Financeiro e de Capitais (Anbima), poupança é o tipo de investimento mais utilizado pelos brasileiros. A maior parte dessas pessoas é do sudeste do país e tem mais de 25 anos.

A grande maioria ainda prefere ir às agências bancárias e obter informações de investimentos direto com o seu gerente, enquanto a minoria utiliza tecnologia e aplicativos para investimentos.

O Sr. João (nome fictício), aposentado, viúvo, cliente tradicional do banco, tinha 68 anos e saldo de 2 milhões na conta poupança, além de uma renda advinda do aluguel de imóveis. Convidamos o Sr. João para vir à agência e oferecemos outras opções de investimento, com maior rentabilidade e segurança, tais como CDB, LCI e LCA. Assim como a poupança, esses investimentos são assegurados pelo Fundo Garantidor de Crédito (FGC), que garante até o limite de R$ 250.000,00 por CPF, caso o banco quebre. Mostramos que o ganho seria o dobro da poupança, a taxa Selic estava em 12% a.a.; ele nos ouviu educadamente e ponderou:

– Sei que ganharei mais em outro investimento, mas gosto da poupança, não pago imposto e acho mais seguro.

Milhares de brasileiros pensam como o Sr. João, mas já estamos sentindo a mudança (ainda pequena) e a migração de investidores para outros investimentos, inclusive a bolsa de valores.

INVESTIMENTO EM IMÓVEIS

Comprei uma casa na praia em 2003, o primeiro imóvel que adquiri, o sonho de toda a nossa família. Era tanta felicidade que a família inteira foi à Praia Grande para a conclusão do negócio. Enquanto eu finalizava, eles aguardavam e aproveitavam a praia.

Curtimos a casa nos primeiros anos, depois as idas foram se espaçando. As despesas de manutenção aumentaram: IPTU, água, luz e limpeza. Estava na hora de vender, mas eu resistia, pois os meus pais gostavam da casa, embora fossem apenas uma ou duas vezes por ano. A locação mensal do imóvel na região traria um retorno de 0,3% a.m., menor que o retorno da poupança, e não valeria a pena.

Comecei a alugar durante a temporada e os feriados, para pagar as despesas. Até que os meus pais se convenceram de que seria melhor vender o imóvel, o que fiz em 2017. Foi um alívio para o bolso trocar as despesas pela rentabilidade do valor investido. Comprei e vendi outros imóveis, e possuo apenas um, do qual recebo um aluguel que complementa a renda. Mas considero importante aprofundar a origem de tudo, o que faremos agora.

O COMEÇO QUE MARCA A HISTÓRIA

Nasci em uma pequena cidade chamada Poté, em Minas Gerais, a quarta filha dentre cinco. Meu pai era um homem do campo e minha mãe, dona de casa. A convite da vovó Joana, mamãe aceitou vir para São Paulo.

Começou a aventura. Mamãe vendeu sua máquina de costura e somou as economias, comprou uma passagem para a capital paulistana e veio com as três filhas, deixando meus irmãos e papai, que viriam posteriormente.

Eu tinha apenas três anos de idade. Claudia, a caçula, apenas um aninho. Zélia, a mais velha, onze anos. Morávamos na casa da vovó, um casarão no Bairro da Água Funda. Papai sentia a nossa falta e não estava feliz sozinho na pequena cidade onde nasceu. Deixou tudo e depois de dez meses veio a surpresa: papai chegou com os meus dois irmãos. Saímos da casa da vovó e fomos morar em um cômodo na Vila Guarani.

Ambos sem estudo, mamãe trabalhava em serviços gerais e papai como construtor. Conseguimos nos mudar para uma casa de dois cômodos em um bairro periférico de São Paulo, Jardim São Carlos. Ficávamos sob os cuidados da vizinha enquanto meus pais trabalhavam. Na época, conheci a dona Mirna e o Sr. Louis (nomes fictícios), feirantes. Eles vendiam temperos, alho, coco e tinham várias bancas na feira, onde seus filhos também trabalhavam.

Comecei a frequentar a casa de dona Mirna. Ajudava a limpar o coco e o alho para vender na feira e recebia algum dinheiro. Um dia, dona Mirna perguntou se eu gostaria de ir para a feira aos domingos. Meus olhos brilharam, era o que eu mais queria. Ela pediu autorização aos meus pais, que concordaram.

"Aprendi bem cedo a respeitar o dinheiro e a entender que somente com o trabalho poderíamos ter algo melhor."

Por volta das 5h da manhã já estávamos no local. Nossas bancas eram fáceis de montar e ficávamos no meio da feira. Foi uma experiência para os sentidos: vislumbrava toda aquela gente indo e vindo e o colorido das frutas, verduras e legumes. Sentia os aromas perfumados das frutas da estação e ouvia a disputa dos vendedores "no grito".

Dona Mirna ficou comigo na banca e eu gritava: "Olha o tempero, freguesa, alho, coco." Atendia com educação e sabia fazer troco. Logo fiquei sozinha na banca e a remuneração era equivalente a R$ 10,00 por dia, dinheiro que usava para comprar frutas na feira. Ainda sobrava um pouco para gastar na escola durante a semana.

Aprendi bem cedo a respeitar o dinheiro e a entender que somente com o trabalho poderíamos ter algo melhor. Nunca tivemos mesada, mas quando pedíamos algo para os pais, dentro do possível, eles se esforçavam para comprar. Presentes só no Natal. No dia das crianças, ganhávamos doces.

Será que alguém que ganha dois salários-mínimos consegue comprar um terreno e construir uma casa?

Surgiu a oportunidade de comprar um terreno em um bairro próximo ao que morávamos, Jardim São Jorge, e exigia-se um sinal. Mamãe tinha umas poucas economias. Mesmo com toda a nossa dificuldade, ela conseguia juntar o mínimo, mas ainda não era o suficiente para cobrir o sinal.

Conversando com um colega de trabalho do setor financeiro, mamãe acabou conseguindo o empréstimo para o valor da entrada. E agora, José? Duas parcelas para pagar, uma do empréstimo e outra do terreno. Porém, com a ajuda de papai e da irmã mais velha, que começara a trabalhar, tudo foi pago em dia.

Levamos alguns anos para levantar três cômodos. Comecei a trabalhar e construímos uma casa maior, onde passamos a morar.

Aos 15 anos comecei a trabalhar com carteira assinada em um escritório no bairro de Santo Amaro, que representava um catálogo de cosméticos.

O primeiro emprego foi duro. Chegava às 8h, entrava no Fiat 147 com mais três senhoras e saíamos de porta em porta, oferecendo o catálogo de cosméticos e bijuterias para as donas de casa, insistindo para que se tornassem revendedoras comissionadas.

Apesar de cansativo, me divertia com aquelas senhoras e gostava de convencer as donas de casa a ganharem dinheiro vendendo para as próprias amigas. Recebi o primeiro salário e realizei aquele sonho que comentei no início, da máquina de lavar, o que fez diminuir a carga de trabalho de minha mãe. Vou contar um segredo para vocês: ela não me ensinou a lavar roupas e eu não tive interesse em aprender.

Comecei a guardar parte do salário para realizar o segundo sonho. Foram dois anos guardando as economias para comprar uma moto e estava na hora de realizar. Em um sábado, fui trabalhar com mamãe no *Car Center* Moto Jumbo.

Dentre as motos usadas que vi, escolhi uma CG 125cc. Mas minha mãe não queria que eu comprasse uma moto, disse que não autorizava e que era muito arriscado.

Fiquei triste a ponto de não falar com ninguém em casa. Passaram-se alguns meses e mamãe disse:

– Já que você quer tanto essa moto, compre. Faça o seu gosto e o meu desgosto.

Comprei uma moto RX 125 da Yamaha. Naquele momento, senti um calafrio de medo, misturado com felicidade, e fui realizar o sonho de sair pilotando, sentindo o vento contra o rosto.

Em 1987, como resumi no início, entrei para o Banco Bradesco. Como o salário era melhor, passei a guardar mais dinheiro. O momento era de incerteza e instabilidade na economia brasileira.

Em junho de 1987, Sarney lançou o plano Bresser, que congelava salários e aluguéis. Em seguida, tivemos o plano verão, em 1989, e o plano Collor, em 1990, que culminou no confisco da poupança. O valor que eu tinha guardado nesses dois anos foi retido pelo Governo.

Foi um período difícil para nós, bancários, e todos os brasileiros foram vítimas desse confisco. Alguns clientes não entendiam que o valor tinha sido retido e queriam de qualquer maneira sacar o seu dinheiro. Sem solução, o jeito foi começar a poupar de novo. O dinheiro era guardado embaixo do colchão. Alguns clientes, por medo de um novo confisco, demoraram para confiar e depositar dinheiro nos bancos novamente.

PREVIDÊNCIA PRIVADA

Havia completado dez anos de casa quando o Banco Bradesco ofereceu o benefício da previdência privada empresarial para os funcionários, sendo que a instituição contribuía com 4% do meu salário e eu, com outros 4%, totalizando uma reserva de 8% do salário que era guardada todo mês em Plano PGBL.

Esse tipo de benefício que a empresa concede tem incentivo fiscal. A empresa pode abater como despesa e o funcionário pode deduzir na declaração de imposto de renda a parte que contribuiu, até o limite de 12% de sua renda bruta anual tributável. Procure saber se a sua empresa tem esse benefício; caso tenha, faça a adesão e não resgate. É uma reserva para longo prazo para contribuir com a aposentadoria. Enquanto estiver na empresa, usufrua.

ÀS CEGAS

Em 2013, as ações petroleiras da OGX, de Eike Batista, já despencavam. Acreditando na valorização das ações em longo prazo, pensei que seria uma oportunidade de ganho. Não arrisquei muito, mas comprei ações da OGX por 0,78 centavo. Perdi 80% do capital investido às cegas, atraída pelo baixo valor das ações, mas sabia que poderia perder tudo e assumi o investimento de muito risco.

A COMPRA DE AÇÕES POR MEIO DO FUNDO DE GARANTIA

Em 2000, o governo liberou a compra de ações da Petrobrás, utilizando o saldo do FGTS. Foi a primeira iniciativa governamental, mas os brasileiros não tiveram muito apetite. Quem comprou teve um excelente resultado. Em 2002, quando liberou o recurso para compra de ações da Vale do Rio Doce, houve muita procura. O governo teve de fazer um rateio entre os interessados e, dentre eles, eu estava lá.

Com o FGTS rendendo 3% a.a. + TR, a possibilidade de comprar as ações e ter um rendimento melhor era um bom negócio. Fiz o investimento em 2002 e resgatei em 2016 com 707% de rentabilidade, acima do CDI e do Ibovespa. Saiba que a bolsa de valores, em longo prazo, traz bons resultados. Esse, por exemplo, foi o melhor resultado que tive em investimentos.

DAY TRADE

No dia 7 de setembro de 2017, descendo as montanhas das serras verdejantes de Minas Gerais após um lindo pôr do sol, senti uma pancada na panturrilha e não conseguia andar. Sofri um estiramento de panturrilha grau 3 e fiquei imobilizada, sem poder colocar o pé no chão por um mês. Na época, estava aprendendo a operar com um professor de *Day Trade* e *Swing Trade*. Seguia para a avenida Paulista e ali operávamos, com mais alguns colegas, mini índice de dólar e mini índice do Ibovespa.

Imobilizada, fiz alguns cursos pela internet para entender melhor os gráficos e ficava o dia inteiro operando na bolsa. Perdia, ganhava, empatava. Não arriscava muito alto. No início, perdi um pouco e o professor disse que eu era muito arrojada para quem estava começando. Nesse tipo de operação, além de conhecer e entender os gráficos, é preciso acompanhar e saber fazer a leitura certa do mercado. Recuperei o que tinha perdido e empatei. Não opero mais em *day trade*, prefiro comprar ações de longo prazo, mas é uma opção que merece sua atenção, caso seja o seu perfil.

A BOLSA DE VALORES EM TEMPOS DE PANDEMIA

O Ibovespa (Índice da bolsa de valores de São Paulo) estava indo de vento em popa no começo de 2020: em 23/01/2020 fechou com 119.528 pontos (fonte: InfoMoney*), o melhor momento do Ibovespa. De repente,

*https://www.infomoney.com.br/cotacoes/ibovespa/historico

o inesperado: surge o vírus de uma gripe desconhecida no mundo, a Covid-19, que leva à morte e se alastra com velocidade pelo ar. Em 11/03/2020, a OMS declarou a Covid-19 como pandemia e instituiu a adoção de medidas preventivas, dentre elas o isolamento social.

O isolamento social parou o mundo e somente os serviços essenciais funcionavam. Com a economia estagnada e as incertezas geradas pela crise sanitária, as ações das empresas despencaram. O Ibovespa caiu para 61.691 pontos em 19/03/2020 (fonte: InfoMoney), o menor nível já no período da pandemia. O que fazer nesse momento? Resgatar antes que caia mais? Comprar para aproveitar a baixa? E se cair ainda mais?

Se você é um investidor que pensa em longo prazo e manteve a calma, conseguiu superar a fase com maturidade. Se você sucumbiu ao desespero, ou não conseguiu conter a ansiedade de ver a bolsa cair e pensou em curto prazo, com certeza deve ter resgatado e tido prejuízo.

Com a crise, muitos investidores fazem fortuna, aproveitam o momento da baixa e compram para vender na alta.

Mantive a calma durante a pandemia. Acredito que o pior já passou e podemos resgatar o patamar de otimismo no mercado.

GANHO DE 25% AO MÊS

Vamos falar de comportamento e educação financeira. Quando você economiza, ganha. Quando você ganha, investe. A **Metodologia DSOP** está pautada em quatro pilares. **D**iagnosticar, **S**onhar, **O**rçar e **P**oupar. Vamos abordar o pilar Diagnosticar, que na minha opinião é um dos mais importantes, pois significa a chance de fazer o controle da saúde financeira. Anote todos os gastos no momento da compra, separando-os por tipo de despesa, durante um mês.

GASTOS - PADARIA

MÊS: JULHO **ITEM:** PADARIA

DIA	VALOR	FORMA DE PAGAMENTO
05	R$ 6,00	CARTÃO DE DÉBITO
06	R$ 15,00	VALE-REFEIÇÃO
15	R$ 18,00	DINHEIRO
20	R$ 8,00	DINHEIRO
22	R$ 12,00	DINHEIRO
25	R$ 27,50	CARTÃO DE CRÉDITO
28	R$ 22,50	CARTÃO DE DÉBITO
29	R$ 65,00	CHEQUE
TOTAL	**R$ 174,00**	

Modelo de Apontamento Financeiro, do PhD Reinaldo Domingos.

No momento das anotações, você começa a ter consciência daquilo que não é essencial. No fechamento do mês, some tudo o que gastou por categoria e corte o excesso. Você conseguirá, na maioria das vezes, reduzir até 30% dos gastos.

Vou dar um exemplo. Depois que fiz o curso de Educadora Financeira, atendi o meu primeiro cliente, muito endividado, que fez o apontamento de despesas e levou um susto: gastava R$ 3.000,00 no supermercado, onde ia todos os dias. O detalhe é que o seu salário era de R$ 4.000,00. Felizmente, o cliente conseguiu deixar o endividamento em pouco tempo e o pontapé inicial foi justamente diagnosticar o "ralo" por onde seu dinheiro escorria.

Conheci a metodologia por meio de um amigo que trabalhava no banco como auditor. Fomos almoçar e ele disse que tinha feito um curso de Educador Financeiro nas férias.

Fiquei encantada pela DSOP e já via a possibilidade de me tornar educadora e ajudar as pessoas. Comecei a ler a obra *Terapia financeira*, do PhD Reinaldo Domingos, que despertou a curiosidade, a vontade de dar um mergulho na metodologia de tanto sucesso indicada pelo amigo, que me encantou. Qual é o segredo?

O segredo é o despertar de algo novo e tão simples que a maioria esquece o seu valor, a sua realização. Após o livro, comecei a indagar as pessoas próximas sobre os seus sonhos e as respostas me surpreenderam.

– Que sonhos?

– Não tenho nenhum especial.

– Não me lembro agora.

Precisamos resgatar os sonhos. Afinal, todos nós temos sonhos implícitos. Vamos renová-los, dando brilho e satisfação para a vida, realizando sonhos materiais e imateriais. Após o curso de Educadora Financeira, despertei para a vontade de conquistar a minha independência financeira. E o sonho já foi realizado.

Nós, educadores financeiros, temos a missão de levar a educação financeira para o Brasil e o mundo. Estou pronta, portanto, para ceder a você uma orientação fundamental: cuidado com a parcela que cabe no bolso, pois ao longo do tempo ela pode furar o bolso, caso não tenha controle dos seus gastos.

Assuma o controle da sua vida financeira, sem a vergonha de discutir com a família quando tem um problema. Aliás, família é a base e te apoiará.

Agradeço a Deus; é imensa a satisfação de poder compartilhar um pouco da minha experiência de vida, de mercado financeiro e de investimentos, sempre pautada por ética, honestidade e humildade. Deixo ainda uma derradeira recomendação:

Seja prudente ao fazer as suas escolhas. Tudo o que se ganha fácil, se perde no tempo. Invista em você, estude, trabalhe e faça planejamento para atingir os seus sonhos. Invista com segurança, prepare-se para conquistar a sua independência financeira e seja feliz.

LINDA AMARO

Nascida em Minas Gerais e criada em São Paulo, Linda Amaro atuou em instituição financeira por 30 anos. É formada em Gestão Financeira pela Uniban e pós-graduada em Planejamento e Gestão Estratégica pela Facinter. Percebendo a necessidade de aprimorar os conhecimentos, após longos anos sem estudar, retornou às salas de aula e concluiu a Certificação em Seguros – SUSEP Plena, certificação em investimentos CPA-20. É pós-graduada em Negócios Bancários pela Fundação Getúlio Vargas (FGV), formada em Educação Financeira e Terapeuta Financeira pelo DSOP, membro da Associação Brasileira de Educadores Financeiros (Abefin) e Especialista em Crédito pela Loara Academy. Gosta de praticar esportes e dança, com destaque para ciclismo e samba. Aprecia o contato com a natureza, adora viajar para locais montanhosos. Acredita que qualquer pessoa pode realizar os seus sonhos tendo foco, fé e determinação.

EDUCAÇÃO FINANCEIRA, O MAIS RENTÁVEL INVESTIMENTO

VALÉRIA CARMANINI

JÚLIA CHEREM

Investir sem conhecer os próprios sonhos equivale a jogar na loteria e torcer para dar certo. Ou seja, não temos qualquer controle sobre o resultado.

Parecia uma sexta-feira como outra qualquer naquele município do interior mineiro que tanto amo, Visconde do Rio Branco. A única novidade era a posse, no dia anterior, do recém-eleito presidente da República. Para alguns, esperança de que viriam dias melhores. Para outros, certa apreensão por conta do estranho anúncio de um feriado bancário que duraria três dias. De repente, entra em rede nacional a coletiva da então ministra da Fazenda, Zélia Cardoso de Mello, anunciando medidas austeras de impacto econômico, inclusive aquela que se tornaria o maior pesadelo que o Brasil já vivenciou: o confisco da poupança.

A inflação estava fora de controle e alcançou 83% ao mês. Para evitar que as economias e o dinheiro das despesas mensais fossem corroídos pela inflação, além da tradicional caderneta de poupança, os brasileiros também faziam depósitos em uma aplicação chamada *overnight*, uma espécie de fundo lastreado em títulos públicos, com rendimentos diários.

Voltando o nosso olhar para alguns dias antes da posse do então novo presidente, pessoas que se consideravam mais bem informadas sacaram todo o dinheiro do *overnight* para depositá-lo na caderneta de poupança, ou em conta-corrente. Alguns mais sortudos compraram dólar ou aumentaram o estoque de suas empresas. Já os considerados loucos sacaram todo o dinheiro de suas aplicações financeiras e o guardaram em casa.

A tentativa desses assim ditos "mais antenados" foi em vão. No fim, poucos escaparam do arrastão bancário. Usando a justificativa de cortar dinheiro circulante e reduzir a inflação, o famoso Plano Collor reteve não só o dinheiro das aplicações do *overnight* e da poupança como pegou até o que estava nas contas-correntes.

Quem tinha depósito à vista poderia ir ao banco sacar até 50 mil cruzados. O que excedesse esse valor ficaria depositado, junto ao Banco Central, sob a titularidade da pessoa física ou jurídica, na forma de cruzados novos, pelo período de 18 meses.

A radical medida anunciada pelo governo Collor no dia 16 de março de 1990 assolou empresas e lares brasileiros. Faltou dinheiro para a folha de pagamento e o capital de giro, de modo que o dinheiro das rescisões trabalhistas ficou retido e os sonhos foram abortados. Porém, para algumas famílias os danos foram irreversíveis, incluindo infartos fulminantes e suicídios. Só quem viveu o período sabe a angústia que se abateu sobre os lares.

Filha de comerciantes do ramo de madeiras, também sofremos o revés, pois o plano que desorganizou a vida financeira e pessoal de tantos brasileiros teve forte impacto em minha família. Da noite para o dia, confiscaram o dinheiro de contas e aplicações financeiras dos meus pais, além do capital de giro da empresa e das economias reservadas para o complemento da aposentadoria.

Embora tenha sido um tempo difícil, marcado por incertezas e pela queda no padrão de vida, toda adversidade deixa ensinamentos cruciais. Dentre eles, destaco que aprendi a viver dentro de um novo padrão e vi despertar em mim o interesse por economia, finanças e investimentos.

Apesar de inicialmente não ter seguido carreira nessa área, durante muito tempo pairou em mim uma inquietação por conta do forte impacto financeiro, familiar e emocional gerado pelo confisco de ativos econômicos no começo da década de 1990.

Três perguntas sobre o episódio rondavam minha mente:

- Se tivéssemos acesso a mais informações, será que poderíamos resgatar o dinheiro antes do confisco?
- Como poderíamos saber ou prever?
- Que tipo de informação deveríamos ter?

Naquela época, a mídia se resumia a rádio, televisão e impressos, sem o alcance da internet que o século XXI testemunharia. Assim, as informações tardavam a chegar. Aliás, justiça seja feita, no caso do confisco, até os cientistas políticos e jornalistas bem informados foram pegos de surpresa.

Passei anos dominada pelo medo de injetar dinheiro em aplicações financeiras, acreditando que investimentos seguros se resumiam a imóveis, ouro e compra de moeda estrangeira. Porém, a constante inquietação por ter visto as economias da vida inteira de trabalho dos meus pais dissolvidas em um plano econômico mal elaborado e irresponsável me conduziu aos caminhos da educação financeira.

Comecei a ler sobre economia, a estudar e participar de cursos sobre planejamento financeiro e investimentos.

À medida que fui adquirindo conhecimento e ganhando confiança, motivada pela estabilidade do Plano Real, iniciei os meus primeiros investimentos fora do ambiente seguro e previsível da caderneta de poupança.

Alguns anos se passaram. Depois de um tempo de reflexão e informação, soube que educação financeira seria incluída na Base Nacional Comum Curricular (BNCC) do Ensino Infantil e Fundamental, como conteúdo transversal obrigatório. Decidi que precisava dar continuidade na missão de educar, transcendendo a educação física, minha carreira inicial.

Busquei o curso de formação como educadora financeira, um aprendizado que mudou minhas diretrizes nos investimentos, a partir do qual tenho contribuído para mudar positivamente o comportamento financeiro de várias pessoas que passam por minhas palestras e consultorias.

Decidi revelar uma parte da minha história para inspirar você a pensar de forma diferente, porque muitos brasileiros que vivenciaram o Plano Collor têm crenças sobre investimentos parecidas com aquelas que um dia alimentei e podem estar presos até hoje a um passado de planos econômicos que não deram certo, com sucessivas trocas de moedas e hiperinflação, o que resulta em uma insegurança causada principalmente pela falta de educação financeira.

Para quem começou a lidar com dinheiro a partir do Plano Real, é importante que conheça esse período da economia brasileira e perceba o enorme salto em termos de transparência e acesso à informação, e que busque educação financeira para fazer boas escolhas na hora de investir.

Posso afirmar por experiência própria que investir em educação financeira rende as melhores escolhas. Em 16 de março de 2020 completou-se 30 anos do anúncio do plano econômico que deixou a população brasileira atônita. De lá para cá foram muitos avanços e posso exemplificar: abertura da economia, reforma do Estado, estabilidade econômica alcançada por meio do Plano Real e, sem dúvida, o advento tecnológico da informação e da comunicação.

É fato que durante esse período perpassaram recessões pelo país e crises globais. Dentre elas, a crise do Subprime, ou crise de 2008, e a crise da Covid-19, esta última considerada por especialistas a pior desde a crise de 1929. Mas crises e recessões não deixam apenas marcas negativas. Ao contrário, podem gerar valiosas lições, além de oportunidades para negócios e investimentos.

Posso citar três exemplos interligados que começam de forma simples, mas têm repercussão macro em nossa vida:

- Vencer o medo da mudança.
- Sair da zona de conforto e quebrar os velhos paradigmas.
- Investir em desenvolvimento pessoal.

Apesar da estabilidade econômica gerada pelo Plano Real e de vivenciarmos a era da informação, a pouca educação financeira do brasileiro tem sido um dos fatores negativos para a superação das crises econômicas e financeiras, inclusive a da Covid-19.

Claro que as desigualdades sociais no Brasil se tornam um agravante. Porém, três questões culturais (que podemos mudar) assolam até mesmo as famílias de classes média e alta:

- Não somos um povo poupador.

• Demonstramos enorme dificuldade para fazer planejamento financeiro, incluindo a reserva de emergência.

• Não temos visão de longo prazo.

Um levantamento feito pela Organização para a Cooperação e Desenvolvimento Econômico (OCDE), referente ao Pisa 2018, sobre competência financeira de jovens de 15 anos apontou o Brasil na 17ª colocação dos 20 países participantes, com uma pontuação de 420 nos questionamentos sobre conhecimento financeiro, bem abaixo da média geral de 505 pontos.

Na avaliação da OCDE, o adulto com baixo nível de educação financeira tende a não adotar comportamentos que poderiam melhorar sua segurança financeira, além de assumir atitudes orientadas ao curto prazo.

Os dados são preocupantes, é verdade. Porém, não surpreendem. Uma das causas dessas atitudes orientadas para o curto prazo pode ser de caráter cultural.

Com um longo período de hiperinflação, os brasileiros precisavam comprar imediatamente para não perder o valor de compra do dinheiro. E como aprendemos a partir dos exemplos praticados, a atual geração talvez esteja repetindo comportamentos dos pais e avós.

Então, o que fazer para mudar esse paradigma? Não há outra forma a não ser pela educação financeira, que garante o conhecimento e ajuda na mudança do comportamento em relação ao uso do dinheiro.

É possível modificar esse perfil consumista orientado para o curto prazo, direcionando-o a um perfil financeiramente sustentável, poupador e orientado ao longo prazo. Esses são os pré-requisitos básicos para tornar-se um investidor.

Durante as minhas palestras e consultorias, tem sido comum escutar perguntas do tipo:

• *Gostaria de começar a investir em ações. Como faço?*

• *Ouvi falar da boa rentabilidade do investimento x. É verdade?*

Não demora muito e, trocando ideias, descubro que o possível candidato a investir em um produto financeiro de risco elevado e pouca liquidez está com a vida financeira completamente desorganizada, vivendo um padrão que os seus rendimentos não permitem, por vezes acumulando dívidas caras no cartão de crédito e no cheque especial.

Quando se fala em educação financeira, a maioria das pessoas logo imagina um monte de planilhas e gráficos complexos, ou pensa no *home broker* de uma corretora de valores. Saber investir, no entanto, é prerrogativa de quem tem educação financeira.

Porém, vamos considerar isso uma espécie de "estágio mais avançado". Primeiro, é preciso aprender a administrar as próprias finanças, fazer sobrar dinheiro e começar a investir de forma a potencializar esse dinheiro poupado. Para isso, como educadora financeira, recomendo a **Metodologia DSOP**.

Desenvolvida pelo PhD em Educação Financeira Reinaldo Domingos, a **Metodologia DSOP** é baseada em quatro pilares: **D**iagnosticar, **S**onhar, **O**rçar e **P**oupar. Ao aplicar esses pilares, é possível fazer uma investigação sobre a vida financeira, identificando minuciosamente receitas e despesas, bem como hábitos de consumo, tentando enxugar o orçamento para poupar dinheiro e investindo na realização dos sonhos de curto, médio e longo prazos.

Além de melhorar a gestão dos recursos financeiros, é preciso alfabetizar-se financeiramente. Minha orientação é que comece a estudar sobre dinheiro, a incorporar em seu dia a dia assuntos como economia e investimentos. Como eu sei que não é fácil, apresento algumas ações que utilizei para melhorar minha educação financeira e que serão oportunas também a você:

- Leia as seções de economia e negócios nos jornais e revistas, em vez de ignorá-las, como faz a maioria dos brasileiros.

• Ao ligar a televisão ou o som do carro, selecione programas especializados em economia e finanças, enquanto a massa procura apenas entretenimento.

• Aproveite as facilidades da internet, recurso que o século XX não teve, e busque por *sites* de investimento.

• Siga as redes sociais das instituições do mercado financeiro, que a todo instante validam conhecimento útil.

• Comece a acompanhar os indicadores financeiros e, aos poucos, conseguirá entender o que hoje talvez pareça um bicho de sete cabeças.

• Matricule-se em cursos, procure consultorias especializadas, participe de palestras e leia obras sobre investimentos.

• Converse sobre dinheiro com quem entende mais do assunto que você, adotando o cuidado de admitir que não sabe tudo.

Inicialmente, pode parecer difícil o que estou propondo. Saiba que educação financeira é um processo longo e contínuo, que requer foco e disciplina.

Não seria vergonhoso admitir que o analfabetismo financeiro ronda a nossa vida. É importante começar pelo básico e não desistir diante da primeira dificuldade. Se você já tem algum conhecimento, busque informações mais complexas, especialmente os temas que ainda não domina.

Você não precisa tornar-se "*expert*" em investimentos, até porque o assunto é bastante extenso e intrincado. No entanto, assumir a responsabilidade da sua vida financeira é fundamental para não se transformar em pagador de boletos e de juros das compras parceladas ou dos empréstimos. Longe dessa vida temerária, você conseguirá poupar dinheiro para uma reserva financeira, alcançar uma aposentadoria tranquila e realizar os sonhos.

Dotar-se de educação financeira é um passaporte para investir com mais confiança, menos riscos e melhor rentabilidade. Logo, quem conhece os produtos financeiros e suas peculiaridades, como riscos, prazos, garantias, impostos e taxas incidentes, pode evitar surpresas ou perdas financeiras, atenuando o medo de investir em outras aplicações financeiras que não a caderneta de poupança.

Várias informações são relevantes para escolher um produto ou criar uma carteira de investimentos adequada às necessidades e ao seu perfil financeiro. Uma delas é ter em mente o objetivo destinado ao investimento a ser realizado. Para elucidar o seu caminho, vou chamá-lo de sonho.

Todos nós temos sonhos, sejam materiais ou não. Pode ser o sonho de comprar o primeiro carro, adquirir a casa própria, fazer uma viagem sabática ou uma pós-graduação no exterior. O que não fazemos, muitas vezes, é colocar esses sonhos no papel, ou seja, saber exatamente quanto custam, quanto da renda mensal podemos poupar e investir, além da previsão de tempo para realizá-los.

"Investir sem conhecer os próprios sonhos equivale a jogar na loteria e torcer para dar certo. Ou seja, não temos qualquer controle sobre o resultado."

Durante algum tempo, mesmo estudando sobre investimentos, investia sem foco. Quando conheci a **Metodologia DSOP**, descobri que o seu segundo pilar – Sonhar – era o que faltava para direcionar os meus investimentos. Eu tinha sonhos, mas precisava organizá-los de forma a colocar metas financeiras, factíveis e de prazo para realizar cada um.

Muitas vezes, cheguei a alocar dinheiro em produtos de investimento menos rentáveis, porém com liquidez (rapidez para transformar um ativo em dinheiro), exatamente porque tinha certa dúvida em investir a médio e longo prazos, caso precisasse resgatar o dinheiro. Portanto, ao buscar liquidez, abri mão da rentabilidade maior, algo que você também pode fazer.

Esse comportamento pode ser mais comum do que se imagina. A terceira edição da pesquisa "Raio X do investidor brasileiro", realizada em 2019 pela Associação Brasileira das Entidades dos Mercados Financeiro e de Capitais (Anbima), mostrou que 76% das pessoas levam em consideração a liquidez na hora de investirem. Mas, ao mesmo tempo, elas mantêm as aplicações por 10 anos em média, sendo que na caderneta de poupança, investimento preferido dos brasileiros, o tempo médio de aplicação é de 11 anos.

Não faz sentido, concorda? Claro que este não é o único fator para a escolha. Há outros, como segurança financeira e facilidade. Mas será que a atitude demonstrada na pesquisa pode ser resultante também da falta de objetivos e conhecimento financeiro?

Por esse motivo, conhecer os sonhos de curto prazo (até um ano), médio prazo (até 10 anos) e longo prazo (acima de 10 anos), assim como os seus custos e prazos para realização, é fundamental para montar uma carteira de investimentos não só de acordo com o seu perfil, mas que priorize os seus objetivos. Permite ainda buscar maior equilíbrio entre liquidez e rentabilidade, minimizando riscos e investindo com mais confiança, além de estimular o hábito de poupar dinheiro para realizar sonhos.

Antes de iniciar o meu processo de educação financeira, como você pôde perceber, tinha uma visão bastante distorcida sobre patrimônio, investimentos e independência financeira. Posso afirmar, não só como educadora financeira, e sim por ter começado do zero: ter conhecimento financeiro é libertador.

A educação financeira cicatrizou as minhas feridas causadas pela perda financeira com o Plano Collor, me trouxe mais autonomia e confiança, inclusive nos momentos de recessão e crises econômicas. E a **Metodologia DSOP**, sobretudo por meio do pilar Sonhar, foi o diferencial para direcionar os investimentos até a realização dos objetivos.

A vida sem sonhos não tem brilho. Afinal, ter dinheiro e não usar o recurso para a realização dos sonhos deixa de fazer sentido. Por isso, conheça os seus sonhos em detalhes, trace estratégias, prazos e metas financeiras, estabeleça prioridades, busque conhecimento financeiro, invista à luz da confiança, minimize os riscos e não deixe que nenhuma crise financeira ou plano econômico malsucedido impeçam as realizações.

Espero que juntas, a experiência de minha família diante de um enfrentamento tão difícil e a construção da minha história como educadora financeira despertem em você, leitor, o desejo pela busca constante de educar-se, pois a saúde financeira se reflete em diversas áreas da vida.

Seja persistente e mantenha o foco. Boa sorte em sua jornada e bons investimentos!

VALÉRIA CARMANINI

Educadora financeira formada pela Metodologia DSOP e membro da Associação Brasileira de Educadores Financeiros (Abefin). Aprovada no exame CPA-20 (Anbima), ministra palestras sobre educação financeira em empresas e instituições públicas, além de consultorias em planejamento financeiro pessoal e familiar. É graduada em Educação Física, com MBA em Negócios e Empreendimentos, pela UFJF. Atua como educadora física no Projeto Oficina de Ginástica da Prefeitura Municipal de Juiz de Fora. Com 25 anos de experiência em educação, aplica os mesmos princípios de mudanças de hábitos e comportamentos em benefício de um estilo de vida mais saudável na educação e sustentabilidade financeira de clientes.

UM **PLANO VIÁVEL** PARA A EDUCAÇÃO FINANCEIRA E OS **INVESTIMENTOS**

HENRIQUE CÂMARA

ARQUIVO PESSOAL

O excesso de informação superficial não gera transformação, mas representa um problema gigante em forma de legado que esta geração, viciada em redes sociais, deixará para o mundo.

Somos a primeira geração a falar de educação financeira. Por consequência, há excesso de conteúdo sobre o tema na internet, em sua maioria não consumido de maneira correta.

Fomos instruídos a estudar, passar no Exame Nacional do Ensino Médio (Enem), ingressar em uma faculdade, conquistar um bom emprego, constituir família, investir vários anos pagando prestações de carro, casa própria, viajar e conhecer o maior número de países. "Comprar isso tudo" sem planejamento adequado pode nos afastar da conquista da independência financeira – momento em que uma pessoa tem ativos geradores de renda passiva (recorrente) suficientes para proporcionar um padrão de vida desejado, sem a dependência da renda do trabalho.

Vamos firmar um plano:

- Ressignificar dinheiro e abrir espaço para a palavra prosperidade, que é a ausência de necessidades nas diversas áreas da vida.
- Transformar-se em investidor(a) de qualidade, optando por ativos que gerem renda passiva para acelerar o caminho rumo à independência financeira e, no meio da jornada, realizar um monte de sonhos.
- Fazer um bom seguro de vida.
- Absorver mentalmente e colocar em prática três providências: gastar menos do que ganha, investir a diferença e reinvestir o resultado.

Parece simples. No entanto, milhões de brasileiros não conseguem pagar suas contas em dia, quiçá investir. A pandemia da Covid-19, que abreviou tantas despedidas mundo afora, escancarou esses dados.

Gosto da ideia que divide a educação financeira em três pilares:

- Emocional – Transformar-se em uma pessoa melhor (ser).
- Comportamental – Dominar as finanças (fazer).
- Técnica – Transformar-se em investidor(a), montar uma boa carteira de investimentos e colher os frutos (ter).

EDUCAÇÃO FINANCEIRA EMOCIONAL

Propósito, valores, princípios, missão e ética

O brasileiro é um povo bastante empreendedor, tem muita vontade de empreender um negócio, mas é despreparado para prosperar, e o motivo principal está na origem; os valores estão invertidos, de modo que procura ganhar dinheiro antes de se tornar uma pessoa melhor. Abrir um negócio com o único objetivo de ganhar dinheiro representa suicídio empresarial. O dinheiro fugirá, porque as verdadeiras perguntas não estão sendo feitas:

- Como esse negócio vai verdadeiramente ajudar a mudar a vida das pessoas?
- Qual problema a ideia vai resolver?
- Como a sociedade se beneficiará do produto ou serviço ali prestado?

Segundo o Sebrae, 60% das empresas fecham as portas nos primeiros cinco anos. Ganhar dinheiro deveria ser a simples consequência do problema que a ideia resolverá. Uau, é libertador! Dito isso, se for empreender, faça a ideia sair do papel ou faça seu negócio sobreviver ao tempo.

Profissionalize e evite problemas, o Brasil não é lugar para amadores. Apenas para regular a produção e comercialização deste livro, precisamos de mais leis do que existem na Constituição dos Estados Unidos. Procure ajuda em diversas frentes: viabilidade de projetos, gestão de pessoas, controladoria, gestão financeira, contábil, administrativa, comercial, jurídica e tributária.

Normalmente, empresários são negligentes e, dentre essas demandas, boicotam uma ou mais, amargando inevitáveis resultados negativos.

No mundo dos investimentos também enfrentamos um problema emocional seríssimo: em geral, as pessoas não aprenderam a ser investidoras. O sentimento de querer ganhar dinheiro rápido desrespeita novamente os valores do ser, fazer e ter, tornando-as vulneráveis diante das decisões financeiras e gerando consequências trágicas.

Pude acompanhar várias "propostas" de garantia de alta rentabilidade em diferentes oportunidades de negócio ou produtos de investimento ao longo da última década, e vi todos perderem dinheiro, até mesmo eu. Inclusive, alguns perderam as economias de uma vida inteira.

Não tenho nada contra mercados de especulação, como Forex (mercado de moedas internacionais), mercado de criptomoedas e algumas operações arrojadas dentro da Bolsa de Valores.

Entretanto, tenho tudo contra a suposta "garantia de rentabilidade em renda variável". Isso é patético, proibido e antiético!

Expresso duas críticas:

- a uma parcela do povo brasileiro, por comprar ideias ou promessas de dinheiro rápido;
- às campanhas de marketing e publicidade, em que pessoas ou empresas prometem "dinheiro rápido", transformando em vítimas aqueles que estão desprovidos de informação.

Sugiro fortemente que você tire de seu coração o sentimento de ganhar dinheiro rápido, principalmente quando a oportunidade sugerir empenho de capital.

"[...] Tendo, porém, sustento, e com que nos cobrirmos, estejamos com isso contentes."
Timóteo 6:7-8

Ainda que tenha pouco dinheiro, comece a investir. A criação do hábito é o segredo. Dê chance para que a magia da matemática financeira e dos juros compostos aconteça. Aportes mensais de R$ 700,00 por 20 anos a uma taxa de juros de 10% ao ano se transformarão em mais de meio milhão de reais, R$ 502.781,46, para ser mais exato.

Perspectiva, dívidas e dores

Estejamos sempre felizes com o que já temos, e não preocupados com o que achamos que falta. Já temos muito mais do que precisamos, o que aumenta nossa responsabilidade com o mundo.

Se você passou ou está passando por um problema financeiro de qualquer natureza, acredite: Deus não colocaria sobre suas costas algo que não tivesse a certeza de que poderia suportar. A sua luta será capaz de ressignificar a vida de muitas pessoas. Por aqui, quem vos escreve o faz com propriedade.

Em 2011, perdi meu pai de maneira acidental, mesmo período em que consegui a proeza de sair do *status* de milionário e virar devedor rapidamente. Desrespeitei o mercado financeiro tentando ganhar dinheiro rápido e acabei virando parte da estatística das pessoas que apanharam desse mercado.

Para completar a tríplice coroa, depois do tsunami, perdi um matrimônio.

Consegui "não deixar o motor do carro apagar". Busquei evolução em diversas áreas da vida: emocional, espiritual, física, comportamental e financeira.

Foi um período de muitas ressignificações, que resultou em bagagem para me reestruturar e ajudar pessoas, e que acabou trazendo inúmeros benefícios, alguns até monetizados. Mais uma vez, ser, fazer e ter; com a congruência, a prática de quem viveu e continua a viver os três pilares.

Espero conseguir ajudar os meus alunos e leitores a se esquivarem de armadilhas, para que sejam pessoas prósperas, sábias e autônomas, aprendendo com os erros alheios, tornando-se capazes de pensar fora da caixa, do senso comum e, sobretudo, fazendo escolhas coerentes com os seus reais objetivos.

EDUCAÇÃO FINANCEIRA COMPORTAMENTAL

A **Metodologia DSOP** (**D**iagnosticar, **S**onhar, **O**rçar e **P**oupar), do PhD Reinaldo Domingos, que pode ser encontrada em sua obra *long-seller Terapia financeira*, é a rocha de sustentação, a materialização do caminho para as pessoas dominarem suas finanças e serem poupadoras.

De maneira resumida: **D**iagnosticar é a ferramenta de conscientização, que ensina a identificar as torneiras financeiras abertas em nossa vida. **S**onhar nos ensina a viver sem que os desejos sejam meros devaneios. **O**rçar é a ferramenta prática de encaixe e controle financeiro. **P**oupar é o resultado comportamental, o fruto do domínio financeiro, o *status* que antecede o investimento.

EDUCAÇÃO FINANCEIRA TÉCNICA

A parte de investimentos encurtará o tempo de realização dos sonhos, potencializando a conquista da independência financeira. É com esse respeito que gostaria que você encarasse o mercado financeiro. Já sabemos o final dos que desejam ganhar dinheiro rápido. Depois da ressignificação, me especializei em gestão de risco e hoje ajudo o meu semelhante a montar saudáveis carteiras de investimento, compatíveis com os seus sonhos, com mais retorno e menos risco.

Eis o nosso lema no mercado financeiro: sobreviver às tempestades.

Estou muito feliz pela maturidade financeira com que os meus alunos e clientes enfrentaram a crise financeira causada pela

> *"Não estamos em busca de acertar a próxima ação que vai explodir. Montaremos uma carteira de investimentos com proteção, que não vai derreter diante da próxima crise, mesmo que ainda não saibamos qual e quando será".*

Covid-19. É motivo de muito orgulho vê-los investir com responsabilidade, administrando riscos de maneira consciente e se esquivando de armadilhas.

Uma boa análise do produto de investimento passa por algumas fases que você precisa conhecer:

- Rentabilidade: é "quanto" o produto de investimento trará de retorno. Em geral, é medida mensalmente e expressa de maneira absoluta (x% ao mês), ou relativa, x% do CDI (certificado de depósito interbancário), taxa que as instituições financeiras cobram entre si e que acabou adotada pelo mercado.
- Liquidez: a velocidade que um produto volta a ser dinheiro no bolso.
- Risco: a possibilidade ou probabilidade de resultados indesejados.

Índice Sharpe

Criado por William F. Sharpe, ganhador do prêmio Nobel de 1990, o índice mede a relação risco-retorno de um produto de investimento. Quanto maior, melhor para o investidor. No cálculo de Sharpe, o ativo livre de risco é subtraído do ativo com risco e, então, dividido pelo desvio-padrão. Simplificando, retorno sobre volatilidade (risco). A boa notícia é que alguns *sites* entregam o Sharpe calculado de determinados fundos. Ou seja, ninguém mais será capaz de vos enganar, vendendo um produto ruim. Um Sharpe alto representa retorno interessante em vista do risco admitido. Estude o produto e fuja daqueles que tenham "Sharpes" baixos e negativos.

Conflitos de interesse do mercado financeiro

Alguns dos melhores produtos de investimento não geram comissões aos que vendem, logo são boicotados pelos profissionais do setor financeiro quando apresentam as oportunidades disponíveis para o cliente investir. Triste realidade, mas acontece.

Normalmente, os produtos com melhores "Sharpes" estão fora dos grandes bancos comerciais. De modo geral, segurança, rentabilidade e liquidez dos investimentos residem no produto que escolhemos e não na instituição em que temos conta aberta. Governos e grandes instituições financeiras operam com o medo e a ignorância da população, na tentativa de evitar a evasão dos clientes e investidores.

Reserva estratégica

Um valor que corresponda de três a seis meses das suas despesas deveria ser o seu pulmão financeiro e poderia ser usado para suprir emergências ou aproveitar rápidas oportunidades de mercado (leia-se comprar algo barato com planejamento, em vez de comprar por impulso em campanhas como *black friday*, por exemplo).

O recurso deveria ser alocado em algum produto de renda fixa com baixo risco e liquidez rápida. São opções para essa tese: título público pós-fixado (os pré-fixados não são muito indicados para tal finalidade, pois podem sofrer deságios, diante de futuras oscilações da taxa de juros combinada com o resgate antecipado) e produtos bancários para valores até R$ 250.000,00, pois contam com a proteção do FGC (Fundo Garantidor de Créditos).

Gestão de risco

Ter aversão a risco é normal, mas o ideal deveria ser administrá-lo e não simplesmente evitá-lo. Se o resultado do investimento surpreender, o pressuposto é de que alguma parte do processo de análise foi negligenciada.

Antes de tomar uma decisão no mundo dos investimentos ou até na vida de modo geral, deveríamos analisar as possibilidades, tanto as boas quanto as ruins, estabelecendo um plano de ação para cada possível cenário, o que diminuiria drasticamente as chances de quebrarmos "a cara" e a conta, além de poupar tempo, um dos nossos bens mais preciosos.

É essencial para os bons investidores a habilidade de avaliar cenários da relação risco/retorno e ter a humildade de aceitar que toda escolha implica em uma perda. Contudo, pouca gente é dotada de resiliência para se provar no tempo, sobreviver às crises e manter-se de pé no desafiador mercado financeiro e na vida. Então, lembre-se desses elementos: avaliação da conjuntura, humildade e resiliência.

Renda passiva

É uma renda recorrente, fruto de um ativo ou de uma carteira de ativos. Robert Kiyosaki, em seu livro *Independência financeira*, elucida a importância de se construir um encanamento em que exista previsibilidade de entradas periódicas de receita. Temos algumas boas opções para escolher:

- Ativo financeiro: ações que pagam dividendos e juros de capital próprio, títulos públicos que pagam renda semestralmente, fundos imobiliários que pagam distribuição de lucros (uma das minhas teses preferidas).
- Ativo imobiliário: apartamentos, galpões, lojas comerciais, casas e outros (que geram aluguéis).
- Negócios em geral: é possível ter um sistema que trabalhe para você; um empreendedorismo de qualidade, por exemplo, pode gerar um ativo poderoso.

Não quero desencorajá-lo a investir em ativos tradicionais que não geram renda passiva. Existem excelentes oportunidades em todos os setores e precisamos apenas aprender a fazer contas, avaliar cenários e ter autonomia para tomar decisões. Quais são os ativos e passivos da sua vida? O melhor momento para começar a sua avaliação financeira é agora.

Bolsa de Valores

É um ambiente eletrônico no qual podemos negociar vários ativos (ações, cotas de fundos imobiliários) e derivativos (mercado futuro). A Bolsa de Valores não é um ambiente em que devemos só comprar uma ação na baixa e vender na alta; sugiro que você entre nesse mercado pela porta do setor educacional, antes de querer virar *day trader* (o que compra e vende um mesmo ativo no mesmo dia).

Existem muitas operações estruturadas em bolsa que poderiam e deveriam ser usadas para compor uma boa carteira de investimentos, mas são desconhecidas pela maioria. São os famosos "sardinhas", fazem o que o senso comum aponta e, consequentemente, sofrem horrores, como a maioria em momentos de crise. Que tal aprender a fazer coisas não muito óbvias no mercado financeiro e conquistar resultados diferentes?

Capital de investimento x Capital de especulação

Caso você entenda que tem perfil de especulação, sugiro separar uma pequena parte do seu capital para esse plano. Operações com alta volatilidade (sobe e desce de mercado com grande amplitude) pressupõem muito controle emocional e experiência de mercado.

Se você não for profissional do setor, a maioria do seu capital (capital de investimento) deveria ser alocada em estratégias mais tranquilas, com teses diversificadas que te fariam não perder o sono em hipóteses de crise.

Diversificação e proteção

Imagine que um investidor tenha dez ações de diferentes setores e decida comprar a décima primeira ação de um setor diferente, buscando obter uma "proteção" com essa "diversificação". Consideremos também que, após esse feito, outra crise sanitária como a da Covid-19 estoure...

O mercado cairia de maneira rápida e a carteira sofreria forte desvalorização. Mas, então, a diversificação teria sido falha?

Sim. Escolher ações ou fundos diferentes não representa defesa contra cenários de riscos sistêmicos. Em 2008, todas as bolsas do mundo entraram em colapso diante da crise imobiliária e da quebra do banco Lehman Brothers nos Estados Unidos.

A frase "Não coloque todos os ovos numa cesta" já se tornou um jargão, entretanto, isso por si só não basta. A maioria que diversifica o faz sem saber ao certo como proceder. Não procura conhecer os setores a fundo e acaba investindo em vários produtos ruins de uma mesma classe de ativos.

Para se construir uma defesa diante desses tipos de cenário (riscos sistêmicos), o investidor tem algumas opções:

- aprender a ficar de fora do mercado, sobretudo com o mercado em níveis de máximas históricas;
- aprender a operar derivativos (opções), instrumento de proteção (minha ferramenta preferida);
- trazer para a carteira investimentos com teses diferentes, e não só ativos diferentes de uma mesma classe.

Para aprofundar eventos de incerteza, imprevisibilidades e mercado de opções, façamos referência a Nassim Nicholas Taleb, autor de vários livros sobre o tema.

Ele mostra que o mercado é cíclico e que, hora ou outra, momentos "sangrentos" irão ocorrer. Fica a pergunta: Como se proteger ou se preparar para momentos de "cisne negro" (queda generalizada do mercado)? Taleb deixa o assunto técnico e polêmico quando trabalha a ideia de convexidade e maximização da entropia, ideia oposta ao que a economia mundial defendia durante anos.

Traga para sua carteira ativos "hedgeados" (com proteção), que ajudarão a segurar a carteira em momentos de estresse da economia.

Alocação de recurso na prática

Não podemos sugerir fundos ou produtos específicos, e ainda que fosse o caso, não engessaríamos uma sugestão, uma vez que o perfil de investidor é variável, sujeito a questões como idade, realidade socioeconômica, prioridades, sonhos e tolerância a risco diferentes.

Entretanto, acreditamos que o caminho para a construção de uma boa carteira de investimentos passe por vários trechos:

- Libertação do conflito de interesse do mercado.
- Quebra de paradigmas e crenças limitantes.
- Administração de riscos e posicionamento em renda variável (com a Selic baixa, a renda fixa fica pouquíssimo atrativa).
- Capacidade de escolha dos bons ativos (que geram renda recorrente) com altos "Sharpes" distribuídos em algumas classes de ativos diferentes. No mercado imobiliário, abra espaço para os fundos imobiliários entrarem em seu portfólio. No mercado financeiro global, abrir mão da tentação de ganhar dinheiro rápido vale dinheiro!

> *"Empregue o seu dinheiro em bons negócios e com o tempo terá o seu lucro. Aplique-o em vários lugares e em negócios diferentes porque você não sabe que crise poderá acontecer no mundo."*
> **Eclesiastes 11:1-2**

Por meio do mercado futuro de opções, esses "desejos" viram "direitos" e podem ser negociados no mercado financeiro, gerando uma rentabilidade sobre o seu patrimônio com uma bela proteção. Abra a mente para conhecer essa tese. Ser investidor de sucesso significa algo muito especial, que transcende bons resultados financeiros, ideia altamente sabotada pela maioria das pessoas. Tenho pena de vários milionários que conheço. Uma relação doentia com o dinheiro causa problemas de ordem familiar e de saúde, que normalmente geram consequências danosas e irreversíveis.

> *"Seja uma pessoa melhor antes de ser um investidor melhor".*

Durma em paz, não vire torcedor do mercado a ponto de perder o sono. Livre-se das fúteis tentações do dinheiro rápido, recuse-se à atração pela vacuidade de intenções e afaste a incidência de uma vida apequenada, infértil e desértica. Seja bem-vindo ao mundo dos investimentos. Muito obrigado pelo carinho e atenção, conte comigo para o que for preciso!

HENRIQUE CÂMARA

Aprendeu a jogar xadrez com seu avô aos 11 anos. Aos 13, já era campeão estadual por categoria e já podia se considerar um enxadrista profissional. Estudou e competiu em alto rendimento até os 23. Em 2008, depois de uma última turnê internacional disputando uma série de campeonatos de xadrez nos EUA e na Europa, migrou seus esforços para o mundo dos investimentos. Logo no primeiro ano como investidor, enfrentou a primeira crise global de investimentos. Em 2010, já como profissional do mercado financeiro, começou a ministrar aulas de Investimento e sentiu que nunca mais deixaria de lecionar sobre o tema. Por meio dos alunos, encontrou seu propósito de vida: transformar vidas pela educação financeira. Em 2020, defendeu a tese de Mestrado pela FCU (Florida Christian University), *nos EUA, oportunidade em que foi aprovado com nota máxima, por unanimidade da banca, depois de cruzar habilidades enxadrísticas com a conquista da independência financeira. Tem uma identidade de proteção patrimonial e gestão de riscos totalmente oposta ao senso comum e aos valores invertidos da sociedade atual, que acredita e espera ficar rica rapidamente com o mercado financeiro! Essa identidade deu origem à tese de Doutorado na FCU e norteou a criação da empresa* O Estrategista, *pela qual ajuda pessoas a montarem carteiras de investimentos com alta proteção coerentes com seus objetivos de vida.*

COMO **DEIXAR O CÁRCERE** DAS DÍVIDAS E ENCONTRAR A **LIBERDADE** DOS INVESTIMENTOS

GETÚLIO SANFELICE

LARA SANFELICE

A educação financeira surge como o elo que viabiliza o equilíbrio entre ser e ter, para transformar o endividado em investidor, de forma sustentável e consistente...

Provavelmente, você já se deparou com alguma chamada publicitária de proporções milagrosas, parecida com essa: "Eu vou te ensinar a enriquecer, é só você ler até o final".

O apelo de marketing é extremamente atraente, afinal de contas, quem, em sã consciência, não gostaria de ter o patrimônio multiplicado por cinco ou por dez, ou pelo menos alcançar a sustentabilidade financeira em pouco tempo? Eu quero!

Mas será que é tão fácil quanto parece na propaganda?

Será que teremos garantias de alta rentabilidade com baixos riscos para o dinheiro que ganhamos dedicando tantas horas de nossa preciosa vida?

Aliás, horas que, muitas vezes, exigem abdicar da presença ao lado de quem amamos, ou deixar de fazer o que realmente gostamos, para a garantia da subsistência.

Nesse contexto, um sem-número de consultores de investimentos, agências de investimentos, treinadores de *traders*, dentre outros, tem despontado na mídia, alguns com promessas de retorno rápido e fácil, fazendo grande sucesso até mesmo entre as pessoas dotadas de pouco ou nenhum conhecimento sobre investimentos.

Que fique claro, não quero demonizar o trabalho de pessoas e instituições que vendem seus produtos, serviços e conhecimento financeiro de forma honesta e verdadeira, mas apenas conduzir o leitor a uma breve reflexão inicial sobre o assunto.

Não falta brasileiro que sonhe em dormir pobre e acordar rico, ganhar na loteria, ou descobrir o "negócio da china", que não demande grandes esforços para lhe tornar um abastado. Daí talvez advenha o sucesso das propagandas com promessas de retorno rápido e fácil.

Imagine o que faria se ganhasse o prêmio da loteria de muitos milhões de reais. Quem nunca? Apesar de não ter jogado na loteria, confesso que algumas vezes já me peguei imaginando... Carro novo, casa nova, casa de praia, estudo de qualidade para os filhos, casa e plano de saúde para os pais, ajudar projetos sociais, viagens, muitas viagens... Sonhar é de graça e faz bem.

Ao tratar o tema dos investimentos com tantas pessoas, tenho me deparado com dois extremos. De um lado, os ultraconservadores que confiam apenas no "colchão" e na caderneta de poupança. No outro extremo, converso com pessoas que, em geral, não possuem um centavo guardado, mas se mostram altamente antenadas quando o assunto é criptomoedas, pirâmides financeiras, Mercado Forex e outras práticas não regulamentadas pelo Sistema Financeiro Nacional, as quais geralmente trazem promessa de retorno rápido, fácil e garantido. Pensar em prazos de dez a vinte anos e rentabilidade abaixo de 1% ao mês é entediante e frustrante para muitos, o que me leva a pensar: Ah, se eles conhecessem o poder dos juros compostos...

Faço um adendo: acredito que existam negócios muito bons e rentáveis, ótimas oportunidades que surgem para pessoas que estão preparadas e são sortudas – uma observação: sou adepto do pensamento de que quanto mais estudo e trabalho, mais "sorte" tenho –, algo que muita gente pode discordar. Acredito sim na prosperidade financeira por meio de (muito) trabalho honesto, fé, dedicação, organização e controle financeiro.

Instituições sérias estão ajudando a disseminar a cultura dos investimentos. São diversas corretoras de valores mobiliários e consultores que se destacam na mídia, estimulando a população a ir além dos investimentos na caderneta de poupança, mostrando que existem opções mais rentáveis e tão seguras quanto a tradicional caderneta. Estatísticas têm comprovado o efeito positivo desse trabalho, revelando um aumento considerável de novos investidores, o que é extraordinário.

Se por um lado, temos os benefícios que essa mudança de paradigma traz, fazendo com que as pessoas vislumbrem a possibilidade de tornarem-se investidoras, vivendo de renda passiva, alcançando a independência financeira, por outro lado observamos um país que chegou a registrar mais de 60 milhões de inadimplentes.

Não quero desmotivar você que, mesmo em situação de inadimplência, começou ou está pensando em começar a investir. Acredito que está no caminho certo, até porque tenho orientado pessoas nessa situação a começarem a investir do ponto em que se encontram, pois não se trata apenas de matemática e de uma análise para verificar se, por exemplo, pagar uma conta em atraso que tem juros de 3% é mais vantajoso financeiramente do que investir e ter uma rentabilidade de 0,5% ao mês.

Parece óbvio e sempre costumo dizer em palestras: se a educação financeira se resumisse a números, qualquer pessoa com o Ensino Fundamental provavelmente não teria problemas financeiros. Mas trata-se de comportamento humano, de sentimentos e de mudança dos hábitos. Sendo assim, mais do que livrar-se de algumas dívidas, o endividado precisa saber que consegue realizar pequenos objetivos intermediários, pequenos sonhos, o que o motivará a persistir no grande sonho de livrar-se das dívidas. Pois só pagar contas durante longos períodos poderá desmotivá-lo rapidamente.

No contexto apresentado até aqui, parece haver um lapso, pois somente a formação do hábito de investir não se mostra suficiente para que a nossa gente endividada possa sair dessa situação. Os hábitos de consumo e de gastar mais do que se ganha ainda estarão arraigados, a fragilidade diante dos apelos de consumo e a tendência às compras por impulso insistirão em permanecer.

A educação financeira surge como o elo que viabiliza o equilíbrio entre ser e ter, para transformar o endividado em investidor, de forma sustentável e consistente, tirando-o da vida de inadimplência, trocando hábitos nocivos à saúde financeira por comportamentos que o levarão a alcançar a sustentabilidade financeira.

> *"A maioria da população não foi educada financeiramente, nem em casa, muito menos na escola."*

Não estou dizendo que as propagandas deveriam cessar até que todo brasileiro estivesse financeiramente educado, pelo contrário, acredito que os serviços prestados pelas instituições deveriam ser tão populares quanto os serviços bancários. Penso que estaremos em uma situação ideal quando a população tiver tanto conhecimento sobre os tipos de investimento quanto tem sobre empréstimos, consignados, crédito pessoal, cheque especial e outros.

Mas é primordial que a educação financeira seja implementada de forma efetiva, começando pelas escolas e alcançando a melhor idade. A Estratégia Nacional de Educação Financeira tem sido fundamental para que isso ocorra, divulgando o tema e implementando as ações, porém a necessidade é enorme e urgentíssima. Precisamos virar esse jogo e a hora é agora. A maioria da população não foi educada financeiramente, nem em casa, muito menos na escola. Existem barreiras, não apenas pela incredulidade de que alguém possa ajudar, de que um profissional capacitado forneça o caminho da prosperidade financeira, mas sobretudo pelo orgulho ou a vergonha de procurar ajuda e expor a realidade.

Vou compartilhar um pouco da minha história, que simboliza mais um caso típico sobre "onde" a falta de educação financeira pode nos levar, mas que também revela uma lição, uma premissa: por pior que seja a situação, é possível sair da posição de devedor e tornar-se investidor.

Em 1999, aos 18 anos, ingressei na Força Aérea como soldado, vivenciando o primeiro emprego fixo. Recebia um excelente salário para a época e para alguém que tinha trabalhado apenas com alguns bicos, como servente de pedreiro e vendedor de abacaxi.

Lembro-me de que, nos primeiros meses de trabalho, conseguia ir a uma loja comprar à vista um rádio, um videocassete ou um celular. E, assim como muitos colegas à época, eu "precisava" de um carro. Então, com 19 anos fui aprovado para receber a carteira de habilitação e consegui poupar 20% do valor do veículo para dar a entrada, o que me levou a concretizar o sonho, um fusca 1978.

Por falta de planejamento e orientação, aqui começa uma história de endividamento. Para completar nada menos que 80% do valor que faltava para a compra, assinei o primeiro empréstimo consignado. A parcela consumia 20% do valor de minha renda e, até aí, tudo sob controle. Foi quando descobri que precisava colocar gasolina para o fusca rodar e a situação ficou um pouco mais apertada. Lembro de um dia entregar um punhado de moedas para o frentista abastecer. Após alguns meses, parti para o segundo empréstimo consignado, simples e com mínima burocracia, não mais para realizar um sonho, e sim para emprestar o montante a um parente. Ah, se eu soubesse... No fim, tive de pagar esse empréstimo também. Passados mais alguns meses, descobri da pior forma que precisaria ter trocado o óleo do carro. O motor fundiu...

Daí em diante, a famosa bola de neve, um empréstimo para quitar o outro e conseguir um pouco mais de recurso para sobreviver alguns meses, até que todos os limites de cheque especial, cartão de crédito e crédito pessoal estivessem estourados mais uma vez.

Foram sucessivos erros financeiros, como a compra e a venda de veículos, pequenas compras por impulso e outros acontecimentos para os quais não estava preparado, que me levaram a um endividamento acima dos rendimentos. No pior momento, a dívida chegou a alcançar 35 vezes o valor dos ganhos mensais, sendo que não possuía nenhum patrimônio.

Com uma carreira bem consolidada na Força Aérea como graduado, após prestar alguns concursos e obter êxito, a estabilidade profissional não garantia estabilidade financeira. Quanto mais ganhava, mais gastava.

Lembro-me de chegar mais próximo da quitação dos empréstimos algumas vezes, mas alguma decisão de compra ou negócio errado me levava novamente ao fundo do poço. A sensação era de andar em círculos. Empréstimo após empréstimo, sentia-me frustrado e impotente diante da situação. Um fato interessante é que sempre gostei de matemática e tenho alguma facilidade com números e dados, inclusive usava uma planilha, na tentativa de registrar ganhos e gastos, que nunca funcionou até ali. Em suma, cada vez mais os juros me aprisionavam e me impediam de realizar sonhos.

Foi nessa época difícil que conheci minha esposa, enfim um refrigério em meio às dificuldades. Tivemos a primeira filha em 2011, Maria, outra grande alegria, mas ainda não conseguia vencer a bola de neve das dívidas.

Foi então, em 2012, após ter me formado bacharel em Administração, que deitei os olhos no livro chamado "Finanças Pessoais", do Pr. Clayton Costa. Foi o primeiro contato com a educação financeira. Comecei a colocar em prática alguns princípios descritos de forma simples e, aos poucos, a situação mudou. Aquilo que parecia impossível passou a acontecer, aquela bola de neve foi diminuindo de forma contínua. Em 2014, pude fazer um breve curso de planejamento financeiro, que ampliou um pouco mais os horizontes e me ajudou a manter o ritmo de pagamento das dívidas. Admito que, no meio do caminho, acabei tomando mais algumas decisões erradas, como a troca de carro e empréstimos a parentes e amigos, pois não sabia dizer NÃO (não SABIA), o que me fez adiar um pouco mais o sonho de ficar livre daquele pesadelo. Ocorre que o meu foco era apenas pagar as dívidas e acabava não buscando realizar pequenos sonhos, o que acabava gerando frustração e cansaço.

Agora, com orçamento equilibrado, conseguia conciliar o sono. O orçamento quase sempre fechava no final do mês. Não precisava mais pagar os juros do cheque especial e do cartão de crédito e ainda quitava em dia cada parcela dos empréstimos. Nesse contexto, em 2014 nasceu o Vitor, nosso segundo filho, vindo à luz em um cenário um pouco mais tranquilo. Nosso lar estava completo, sentia-me abençoado e próspero. Foi aí que comecei a ajudar outras pessoas que se encontravam na mesma situação pela qual passei, com a vantagem de conhecer o problema de perto.

No segundo semestre de 2018, tivemos mais uma grande oportunidade. Eu e minha esposa decidimos fazer uma pós-graduação em Educação Financeira – **Metodologia DSOP**, foi então que a nossa vida financeira deu mais um grande salto. Nos primeiros meses, deixamos de ser endividados e nos tornamos investidores. Caímos de cabeça nos estudos e, antes do final do ano, após algumas acertadas decisões financeiras, estávamos, enfim, com todos os empréstimos quitados e vimos o primeiro recurso poupado, investido em renda fixa. Foram longos dezoito anos de sofrimento, vergonha e preocupações sem a força para nos levar à mudança necessária, que só faziam gerar mais esforços frustrados. Foi o conhecimento, aliado à vontade de mudar e à insatisfação generalizada que nos alavancaram para um lugar de tranquilidade e segurança financeira.

"Com a minha história, quero mostrar que é possível deixar uma situação financeiramente muito difícil e tornar-se investidor, e que, para isso, a educação financeira tem papel crucial."

Em junho de 2019, comemoramos o aniversário de minha filha de 8 anos no parque Beto Carrero World (tudo pago à vista). Detalhe, ela pagou o sorvete e a pipoca com o dinheiro que poupou da mesada, pois já estava aprendendo desde cedo. Em agosto do mesmo ano, eu e minha esposa fizemos uma viagem ao Nordeste para celebrar o aniversário de casamento. Detalhe, não precisou ser feito em 10 vezes no cartão. Tudo foi planejado, pago à vista e com desconto.

São tantos sonhos se realizando em tão pouco tempo que às vezes nem parece verdade. Só o fato de me dedicar a escrever as páginas que podem inspirar a sua vida financeira já representa algo que seria inimaginável há alguns anos, mas que hoje posso dizer: tive o privilégio de aprender, praticar e agora compartilhar com você, que as lê. Sou muito grato a Deus por me proporcionar viver esse momento de transição, passando de endividado a investidor, com o benefício de fazer pelos outros aquilo que durante um bom tempo não consegui fazer por mim: resgatar a própria vida aprisionada na masmorra das dívidas.

Aproveito para agradecer à Abefin e à DSOP, na figura do nosso mestre, o PhD Reinaldo Domingos, por me permitir participar deste grande projeto. Agradeço à dona Lourdes, minha mãe, por não ter deixado que eu desistisse dos estudos e sempre ter acreditado em mim. A meu pai, seu Getulio, que me ensinou a ser homem, a ser um trabalhador e a fazer tudo com excelência. À minha esposa Lara, pois é por causa dela que estou participando deste projeto, minha parceira. Amo vocês!

Temos trabalhado para a realização de outros sonhos, que sequer nos permitiríamos sonhar há algum tempo, mas que agora sabemos quanto custa, como conquistar, quais obstáculos vencer e quando iremos realizar.

Com a minha história, quero mostrar que é possível deixar uma situação financeiramente muito difícil e tornar-se investidor, e, para isso, a educação financeira tem papel crucial. Acredito que é ótimo receber uma "bolada" e aplicá-la em bons investimentos, mas é bem melhor, e um dos segredos para alcançar a independência financeira, poupar mensalmente uma parte das receitas e investi-las de maneira inteligente, alinhada com os seus sonhos de curto, médio e longo prazos.

Quero dizer que, SIM, é possível fazer o dinheiro trabalhar a seu favor e não mais contra você. Entre 2018 e 2019, tivemos os primeiros ganhos de renda passiva, resultado de investimentos, e digo que é muito bom ver o seu patrimônio crescendo com equilíbrio, vivendo o hoje, mas projetando e se preparando para o futuro. Porque "a vida é agora", como diz a propaganda, mas também é amanhã e depois. Afinal, não pretendo morrer tão cedo e, mesmo que isso ocorra, não quero deixar minha família desamparada e acredito que você também não queira deixar a sua.

Dizem que o brasileiro não pensa no futuro, que só quer viver o hoje. Acredito que ele até pense, mas, muitas vezes, é sufocado pelas demandas do presente e fica sem saber lidar com elas, comprometendo ambos, presente e futuro.

Por muito tempo, tentei sozinho mudar a minha situação, mas acabava por fazer a mesma coisa de forma inconsciente e, no final, tinha o mesmo resultado negativo e frustrante. Pode ser que alguém até consiga reverter uma situação difícil sozinho, mas na maioria dos casos não funciona. Pedir ajuda é a melhor solução. Derek Bok, ex-reitor de Harvard, disse: "Se você acha que a educação é cara, experimente a ignorância", frase que ilustra bem o valor da instrução, do auxílio e do custo de não tê-los. Buscar instruir-se sempre será o caminho mais acertado e menos doloroso de alcançar os sonhos. Por não ter conhecimento, como achava que tinha, acabei pagando um alto preço, não só financeiro. Muito mais caro foi o preço da ansiedade, das noites mal dormidas, da vergonha, do medo e da incerteza do futuro, não raro imaginando que nunca escaparia de tal situação.

Eu e minha esposa entendemos a missão de disseminar a educação financeira como a semente do propósito de vida, aquilo que fez mudar nossa vida financeira e nos tornar definitivamente prósperos.

Queremos que o tema alcance o lar de muitas famílias, para que possam também se tornar investidores e, mais do que isso, que possam realizar seus sonhos, pois ser investidor não é um fim em si, mas um meio para a realização daquilo que nascemos para planejar e construir: os sonhos.

A vida financeira desajustada pode levar ao término de um casamento, o que é comum ocorrer, inviabilizar o estudo de qualidade para os filhos e ter mais uma série de consequências desastrosas. Ao orientar a pessoa que se encontra endividada, vejo no olhar dela a dor de imaginar ou saber que está trilhando um caminho onde, no final, todos irão sofrer. Ou seja, muitas pessoas têm a sensação de impotência diante da situação e não sabem como deixá-la.

Quero finalizar dizendo que existe um abismo entre o endividado e o investidor, aparentemente intransponível para aqueles que se encontram endividados há bastante tempo, ou com dívidas mais recentes e enormes. Mas existe uma ponte para viabilizar o caminho, a educação financeira, que sem dúvida leva ao outro lado, eficaz para se chegar lá. Portanto, não busque atalhos...

Chegou a hora de parar de andar em círculos. Muitas vezes, é preciso levantar a mão e pedir ajuda para começar a trilhar o caminho da mudança. Pode parecer vergonhoso ou constrangedor, mas se esconder dos credores há de ser muito mais embaraçoso...

Foi a partir da leitura de um livro, como expliquei, que dei o *start* na decisão da mudança de minha vida financeira e para me tornar investidor. Você pode ser o próximo! Imagine o tamanho de minha felicidade ao descobrir que, minimamente, contribuí para isso. Posso garantir: eu sei que a vitória contra o cárcere do endividamento é totalmente possível, pois, se eu consegui, você também pode e conseguirá!

GETULIO SANFELICE

Nascido em Porto Alegre, Getulio Sanfelice é sargento da Força Aérea Brasileira, membro da Associação Brasileira de Educadores Financeiros (Abefin), bacharel em Administração (UFSC), Terapeuta Financeiro (DSOP), pós-graduado em Educação Financeira DSOP (Unoeste) e mestrando em Administração e Direção de Empresas (MBA – Uneatlântico).

Desde 2018 com a DSOP, Getulio e sua esposa, Lara de Souza Horbach Sanfelice, ajudam diversas pessoas, casais e famílias (inclusive a deles), por meio da Terapia Financeira, a realizar seus sonhos, além de ministrar cursos e palestras sobre Educação Financeira.

Seu projeto agora é disseminar a educação financeira em sua nova organização em São José dos Campos/SP, em sua igreja e para aqueles que os cercam.

GASTO OU **INVESTIMENTO:** A DECISÃO AO ALCANCE DE **SEUS PLANOS**

ÂNGELA MARA CARVALHO

PELÉ (UBIRAJARA SOARES)

Estudo, conhecimento, dedicação, prática e partilha de saber: este é o caminho a ser trilhado para investir nos seus sonhos, de sua família e sua empresa.

Trabalhei muito ao longo de cinco décadas e até me aproximar dos 50 verões não possuía reservas nem para situações emergenciais, tampouco para a sustentabilidade financeira.

Como gastei ou investi todo o dinheiro que adquiri no período? É a pergunta que hoje me faço, além de outras:

- O que poderia ter feito diferente?
- O que fiz de certo ou errado?

Vamos juntos fazer uma viagem em busca de respostas que serão úteis para a sua vida? Primeiro, vamos diferenciar os conceitos de gasto e investimento. A palavra *gastar* pode ter vários sinônimos: despender, consumir ou destruir.

Todos sabemos que os gastos representam a parte consumida de um todo, revelando a quantidade de dinheiro que diminui tanto da pessoa física quanto da jurídica (empresa), e indicam a saída de dinheiro da conta bancária ou do dinheiro de papel que deixa o bolso. O gasto pode ter diversas finalidades ou "justificativas": alimentação, vestuário, lazer, educação, moradia, bens etc.

Já a palavra *investimento* faz alusão às finanças, traduzindo toda aplicação de recursos financeiros que resulte em um lucro maior que o capital investido. Podemos ampliar o conceito se entendermos esses recursos não somente como os monetários, mas transcendendo a outros benefícios mensuráveis maiores que o capital investido, como o tempo, que também podemos considerar um investimento.

Sinceramente, sempre considerei como 'gastos' questões como adquirir a casa própria, ter um bom carro na garagem, fazer uma viagem anual com a família, montar um negócio próprio, pagar boa escola e plano de saúde para os filhos, fazer as compras de supermercado sem me preocupar em comparar preços e tantas outras. Promover qualidade de vida, conforto e bem-estar de minha família, para mim, tudo isso era investimento.

No decorrer da vida ao lado do esposo, fizemos isso tudo. Casamos jovens e trabalhamos duro. Eu, funcionária pública e empresária da área educacional. Ele, no setor da indústria petroquímica.

O fantasma do desemprego e a possibilidade de ficar sem renda nunca rondavam minha vida, em razão da tal "estabilidade", mas a dele sim. Cada novo plano econômico, altas e baixas em investimentos estrangeiros no país ou mudanças de governo, variações na inflação, troca de chefia e outras instabilidades o deixavam preocupado.

Não faz muito tempo que passamos, finalmente, a investir no mercado financeiro. Até então, sequer pensávamos em independência financeira. Apenas por instinto fomos poupando ao longo da vida para objetivos específicos: trocar de carro, fazer uma viagem ou reformar a casa. Isso consumia toda a reserva feita e iniciávamos outra, que era consumida integralmente da mesma forma e, algumas vezes, utilizamos até o limite do cheque especial ou empréstimos que abreviassem essas conquistas.

Não tínhamos poupança, pois estávamos pagando as prestações. Sempre otimista e confiante, eu dizia que se o pior acontecesse daríamos um jeito. Você já ouviu essas frases?

- Vamos dar um jeito.
- Aos poucos tudo se ajeita.

Com a graça de Deus, nunca passamos por problemas sérios, mas a idade ou maturidade chega para todos e, junto com ela, algumas preocupações:

- E se... eu adoecer?
- E se... alguém morrer?
- E se...
- E se...

Mesmo assim, continuávamos sem planejar ou pensar no futuro.

Certo dia, participando de um congresso de educação, visitei um estande de livros. Folheando e avaliando a contracapa de alguns, deparei-me com a obra que trazia uma pergunta simples, destacada nesta página.

> *" 'Se a partir de hoje não recebesse mais o seu ganho mensal, por quanto tempo conseguiria manter seu atual padrão de vida?', do PhD em educação financeira* **Reinaldo Domingos**."

Tomei um grande susto, pois a resposta mental foi "nenhum dia". Até aquele momento, vivíamos para trabalhar, receber o retorno do trabalho, pagar as contas e realizar pequenos sonhos.

Comprei e li. Mas não entendi, muito menos coloquei em prática, pois achei impossível aplicar a metodologia. Como vou priorizar sonhos se tenho contas para pagar? Como vou pensar em poupar, em ter reserva financeira para emergências e construir uma independência financeira se não sobra nada ao final do mês?

Mas a pulguinha ficou ali, atrás da orelha. Um ano depois, tive a oportunidade de assistir em outro congresso a uma palestra de Reinaldo Domingos, escritor daquele livro que agora estava perdido dentre tantos outros na estante.

Foi aí que realmente compreendi o significado de diagnosticar os gastos (D), priorizar os sonhos (S), fazer o orçamento e adequá-lo (O) e poupar com propósitos definidos (P).

Hoje, posso dizer que tenho uma reserva financeira emergencial. Toda a minha família tem os seus sonhos de curto, médio e longo prazos definidos. Estamos poupando para alcançá-los e investindo no mercado financeiro munidos de conhecimento, segurança e lucro.

Antes de prosseguir, proponho uma pausa, uma pequena volta ao tempo.

Meus pais são do sertão da Bahia, uma cidade chamada Araci, que vivia da agricultura de subsistência, da produção de sisal e do pequeno comércio local. Éramos apenas dois filhos, eu e meu irmão, algo incomum para a realidade nordestina daquele início dos anos 1970. Durante toda a infância, levávamos uma vida confortável que permitia até alguns pequenos privilégios, já que éramos só dois. Minha mãe, costureira "de mão cheia", como se dizia na cidade, uma mulher religiosa, inteligente e ativa. Meu pai, comerciante de gêneros alimentícios e bebidas variadas, melhor dizendo, cachaça com alguma coisa dentro, como folhas, cascas de árvore e outras iguarias.

> *"Foi aí que realmente compreendi o significado de diagnosticar os gastos (D), priorizar os sonhos (S), fazer o orçamento e adequá-lo (O) e poupar com propósitos definidos (P)."*

Essa realidade nos permitia a viagem de férias para a capital, com a hospedagem na casa dos parentes. Provavelmente, estaríamos assim até os dias atuais, não fosse um grande fantasma que apareceu em nossa família. E, já, já, apresento o tal fantasma...

Minha mãe nos incentivava a estudar.

– Só o estudo pode dar a vocês uma vida melhor – dizia ela, que nos acompanhava em todas as atividades escolares. Chegou o momento em que estávamos em um nível escolar cujo teor a fez sentir dificuldade de auxiliar nas tarefas. Então, ela resolveu voltar a estudar e ingressou no MOBRAL (Movimento Brasileiro de Alfabetização), fez o curso de magistério e expandiu seu núcleo de amizade, passando a ser uma pessoa ainda mais conhecida na cidade.

Foi aí que apareceu o fantasma, personificado por uma doença grave que desestrutura muitas famílias em nosso país, às vezes ignorada pela saúde pública: o alcoolismo. Meu pai não conseguiu lidar com a independência intelectual, social e financeira de sua esposa. Passou a beber, a descuidar do comércio e, algum tempo depois, perdeu seu negócio para as dívidas. Minha mãe, à época já professora concursada pelo Governo do Estado, pagou as dívidas algumas vezes, ora comprometendo seu salário, ora se desfazendo dos parcos bens que tínhamos. Meu pai foi internado algumas vezes para "se curar" do vício, porém o fantasma voltava e o dominava.

Minha mãe lutou bravamente pela recuperação do marido, mas um dia resolveu deixá-lo. Prestou vestibular e foi aprovada no curso de Artes Plásticas pela Universidade Federal do Estado da Bahia.

Resolveu mudar-se para Salvador, levando um filho em cada mão e o sonho de uma nova vida no coração. Como garantia, apenas a força de vontade e a segurança do emprego como professora do Estado, portanto, agora transferida para a capital.

Vocês pensaram que as coisas começariam a melhorar? De forma alguma. Não tínhamos onde morar. Fiquei com uma tia, meu irmão com outra e minha mãe passava uns períodos lá, outros cá.

Cansada de ficar longe dos filhos, resolveu fazer parte de um movimento e invadir uma casa não habitada em um conjunto habitacional popular, com o objetivo de reunir os três novamente.

Foi bom? De forma alguma. Vivíamos em constante tensão com os fiscais do conjunto, que despejavam quem ocupava as casas ilegalmente. Duas fortes memórias dessa época permanecem vivas: uma é que a casa vivia fechada para não demonstrar que havia ocupação ali; e outra é que eu e meu irmão dividíamos o mesmo quarto. Para ter privacidade, quando tinha cerca de 13 anos, resolvi fazer uma cortina para separar os ambientes. Comprei um rolo de cordão e uns três rolos de papel higiênico, que os mais experientes conhecem pela marca bem popular, tão macio quanto uma lixa de parede, de coloração rosa. Fiz essa cortina que não tardou nada para se desmanchar, pela fragilidade do material.

Minha mãe já possuía uma reserva financeira nessa época. Não me pergunte como ela conseguiu, que não saberei explicar, mas o fato é que somou o valor necessário para dar entrada e adquirir a casa própria, financiada no mesmo bairro. Foi quando me despertou a urgência de ganhar meu próprio dinheiro e arcar com as necessidades pessoais.

Diversas vezes a ouvi dizer que eu sonhava muito alto. Comecei vendendo semijoias e representando revistas de venda porta a porta. A partir desses recursos, pagava o transporte para a escola, comprava os itens de uso pessoal e me permitia alguns momentos de lazer, como uma praia, um cineminha.

Com a expectativa de conseguir o financiamento estudantil oferecido pelo governo, realizei a matrícula e ingressei em uma faculdade particular, matriculada no curso de Enfermagem. Sabe por que mencionei que contava com o benefício? Eu não teria condições de manter o curso por mais de um semestre.

E não é que fui aprovada ao final desse primeiro semestre para receber o benefício de 100% do financiamento? Veja como é a vida...

Recebi ainda a restituição integral do valor pago anteriormente, montante que foi importante para me manter durante algum tempo. Continuava a vender os produtos. Incorporei a venda de lanches ao portfólio e o serviço de datilografia dos trabalhos acadêmicos para colegas da faculdade. O resultado é que consegui fazer o curso, sempre com o apoio de minha mãe, das tias e do namorado.

Nos dois últimos anos de faculdade, consegui uma bolsa de estágio no Hospital do Câncer, em Salvador, uma experiência que me fez, bem cedo, perceber a sofrida finitude da vida de jovens, adultos e idosos. Foi uma vivência muito importante para desenvolver atitudes de compaixão, solidariedade, empatia e respeito ao próximo.

Essa história toda marcou a transição para a vida adulta, quando passaria a ser responsável pela construção de um futuro e uma família. Casada e formada, passei em um concurso público e estava tudo maravilhoso, o início de uma vida em comum cheia de expectativas e sonhos começou a marcar os nossos investimentos iniciais. Sim, nossos. Eu e meu esposo sempre tivemos a constante convicção de que trabalhamos pela família, com a visão "tudo nosso", sem existir o dinheiro dele ou o meu. E, imagine só, tal qual acontece em várias famílias, ele não gostava de administrar as finanças da família, papel que coube a mim.

A primeira decisão remetia ao dito popular: quem casa quer casa. Usamos o recurso do FGTS e compramos o primeiro apartamento financiado, em parcelas que cabiam com tranquilidade no orçamento familiar.

Primeiro sonho realizado. Em paralelo, poupamos e compramos à vista, com o dinheiro todo dentro de um saco de pão, o nosso primeiro carro, usado e com quatro pneus carecas, o que fez a alegria do borracheiro que visitávamos quase todo dia, um contratempo que não incomodava, pois o prazer proporcionado pelo bem era maior.

"Eu e meu esposo sempre tivemos a constante convicção de que trabalhamos pela família, com a visão 'tudo nosso', sem existir o dinheiro dele ou o meu."

Pouco tempo depois, partimos para mais dois investimentos, o consórcio de um carro novo e um terreno comprado próximo à praia e pago à vista, onde construiríamos uma casa. Tudo isso em menos de cinco anos.

A vida, como diz aquele ditado popular dos marinheiros, "ia de vento em popa". Sonhos altos conquistados, resolvemos construir a casa da praia. Optamos por um projeto de casa pré-moldada de madeira e fizemos o contrato parcelado. O orçamento permitia pagar as parcelas com tranquilidade e, por isso, em menos de um ano a casa estaria pronta, a mudança do apartamento também, tudo empacotado. Eis que três dias antes da mudança, os trabalhadores que estavam fazendo os retoques finais improvisam um fogareiro e, acidentalmente, a casa pega fogo.

Em poucas horas, o sonho de um lar na costa se reduzia às cinzas e aos objetos retorcidos, danificados pelo calor.

Sem chance de recuperação, sem seguro, o prejuízo foi total.

E agora?

Não tínhamos mais apartamento, pois o vendemos e investimos na casa consumida pelas chamas. Quem nos socorre?

Minha mãe, que a essa altura tinha a vida estabilizada e duas casas, uma construída sobre a outra. Mudamos e fomos viver nessa que não era nossa casa, mas que possibilitou um recomeço com tranquilidade, dignidade e segurança.

Ocorre que nem tudo na vida é tristeza. Fomos contemplados pelo consórcio no segundo mês e recebemos o tão sonhado carro novo. Decidimos por uma viagem de férias para tirar o foco do evento recente e pensar sobre o que faríamos. Tudo pronto e planejado, deixamos as crianças com a avó e rumamos para uma viagem de 800 km que não chegou ao fim. Ainda bem que deixamos as crianças, pois sofremos um grave acidente.

O carro deu perda total e, felizmente, só tivemos pequenas escoriações, um verdadeiro milagre do Pai do Céu, criador e protetor. Carro no seguro, somente quatro prestações pagas, a quem o seguro decide pagar? Acertou, se você disse ao consórcio.

Voltávamos à estaca "quase" zero. Tínhamos um ao outro, nossas vidas e nossos filhos, saúde, resiliência, trabalho e coragem para recomeçar. Três perguntas ecoavam no coração e na mente: O que faremos? Como sairemos desta? E os próximos passos?

Aceitei a proposta de meu esposo e mudamos de cidade. Vendemos o terreno da casa que pegou fogo. Lembra dela? Com o dinheiro, compramos um terreno em Feira de Santana, onde moram os familiares dele, com o objetivo de construir uma escola de Educação Infantil e Ensino Fundamental.

Iniciando uma nova etapa em nossas vidas, passamos a ser empreendedores.

Investimos no projeto os derradeiros recursos e toda a energia. Assim nasceu o Colégio Civilização, destinado a ser uma escola que fizesse a diferença na formação de pessoas, com metodologias inovadoras. Inicialmente a escola era um sonho, um ideal, não uma empresa.

Mais uma vez, todos os recursos foram destinados a "gastos" como melhoria e ampliação da estrutura física, aquisição de equipamentos e mobiliário, além das despesas operacionais, que equivocadamente considerei como investimento.

Sem planejamento, chegaram as dívidas. E sem reservas, como lidar com os imprevistos? Como pagar o 13º salário e as férias dos funcionários? Como arcar com os tributos? Recorremos aos empréstimos, aos limites de cheque especial e aos cartões de crédito, o que estagnou o crescimento da empresa e trouxe o endividamento.

Eu não poderia permitir que o sonho se transformasse em pesadelo. A vida me desafiava, parecia exigir que me enxergasse como empresária e isso fazia sentido, pois o negócio precisava dar lucro e ser sustentável.

Como fazer isso? Estudando. Li diversos livros, assisti vídeos e tutorias, participei de cursos, pós-graduações, congressos e outros eventos da área empresarial. Contratei consultorias que me ajudassem no processo de entender o negócio, passando assim a me tornar empresária de fato, e não apenas a dona de um negócio chamado escola.

Comecei a entender o fluxo de caixa e a dinâmica da diferença entre investimento e gasto, lucro e prejuízo. Investi em capacitação e profissionalização. A escola, que já tinha 15 anos de mercado, passou a se constituir como uma empresa sustentável, vislumbrando lucros por meio de processos bem definidos cujo caminho posso indicar a você:

- Controle de custos.
- Tíquete médio de mensalidade.
- Orçamento anual.
- Setorização.
- Previsão de receitas e despesas.

"A vida me desafiava, parecia exigir que me enxergasse como empresária e isso fazia sentido, pois o negócio precisava dar lucro e ser sustentável."

Aos 20 anos de empresa, tínhamos sustentabilidade e sonhos a conquistar, mas apareceu a pandemia do Coronavírus, que resultou em aulas suspensas, cancelamento de matrículas, desconto nas mensalidades e inadimplência. As devastadoras consequências econômicas têm trazido muita preocupação, mas essa história eu te conto em outro momento, de preferência quando o mundo vencer a guerra contra esse vírus invisível que ceifou precocemente tantas vidas.

Faço parte de uma associação de escolas empreendedoras e sei que tenho dado minha contribuição no processo de melhoria dessas escolas. Acredito que o conhecimento deve ser compartilhado e, por isso, sigo estudando todos os dias sobre as temáticas empresarial e financeira. Hoje sou palestrante, educadora, terapeuta e consultora financeira, estou construindo uma presença digital e também sou franqueada da **Metodologia DSOP**.

Vislumbro que, por meio da educação financeira, é possível formar gerações financeiramente sustentáveis, contribuir para a formação dos professores e gestores, influenciar a reflexão e a ação das famílias, para que possam realizar os sonhos e construir sua independência financeira. Assim como a **Metodologia DSOP** tem mudado a minha vida, vejo a possibilidade de ajudar muitas outras vidas, tanto das pessoas quanto da "vida da empresa", para que alcancem o sucesso financeiro.

Estudo, conhecimento, dedicação, prática e partilha de saber: este é o caminho a ser trilhado para investir nos seus sonhos, de sua família e sua empresa. E, se você ainda não começou a trilha, o momento é agora. Acredite que é possível, dê o primeiro passo e os resultados virão.

Se eu consegui superar tantas adversidades e crenças, garanto que você também é capaz de conseguir, galgando degrau a degrau da metodologia simples e plenamente possível de ser colocada em prática, pois alcançar o sucesso financeiro é um sonho para o qual todos estamos aptos, independentemente do valor da remuneração.

Você se dispõe a isso? Então vamos juntos, porque a minha missão de ajudar a empreender está ao alcance de suas mãos empreendedoras.

ÂNGELA MARA CARVALHO

Sou mulher, baiana arretada, filha de Juquinha e Daluz, mãe de Filipe, Gustavo e Camila e esposa de Edvaldo, parceiro de todos os momentos da vida. Gosto de estar em casa, receber amigos, cozinhar, decorar, cuidar das plantas e fazer artesanato. Também gosto de cinema, teatro e música. Como dizem os amigos, não sei ficar parada.

Sou estudiosa e dedicada. Ler e aprender faz parte de minha rotina diária. Amo viajar, conhecer lugares, pessoas e culturas. Praticar a Fé é algo essencial na minha vida.

Acredito que conhecimento é para ser compartilhado e, nesse sentido, sou colaborativa e procuro colocar minha experiência e conhecimento a favor do outro em todos os momentos da vida e nos lugares por onde passo.

Profissionalmente, sou enfermeira, professora, empresária, gestora, educadora, terapeuta, consultora financeira e palestrante.

Nos últimos anos, apaixonei-me e tenho me dedicado à missão de levar a educação financeira a todas as pessoas, pois vislumbro que por meio dela, das mudanças comportamentais geradas por ela, é possível sim formar gerações financeiramente sustentáveis, reduzir desigualdades e, assim, possibilitar que todos curtam a vida e o façam com abundância.

QUEM
ACREDITA
SEMPRE
ALCANÇA

BRUNO CAVALCANTI

EDNALDO BISPO

Passei a refletir sobre a vida: saúde, família e a relação felicidade versus dinheiro.

Quando se ouve o termo "investimento", logo vem à mente algo complicado, misterioso, reservado a poucos indivíduos dotados de mente e finanças privilegiadas. Esse mito pode ser a causa, a explicação para a baixa qualidade de vida que aprisiona grande parte dos brasileiros.

Sim, a posse do dinheiro permite viver com dignidade em uma sociedade que baseia quase tudo na troca de bens e serviços por dinheiro, desde o essencial à vida até o supérfluo, que traz conforto e prazer. Quem afirma que o dinheiro não é importante certamente não precisou viver sem ele. Bolso vazio, coração partido e estômago roncando ensinam grandes lições, capazes de gerar emoções que impelem a pessoa a agir.

Dinheiro permite a realização dos sonhos materiais. É um recurso capaz de levar a mente a um estado de satisfação imensurável. Permite usufruir momentos de alegria junto aos familiares e amigos, seja utilizando-o em causa própria, comprando objetos de desejo, seja ajudando e compartilhando momentos agradáveis com os seus amados.

Ao mesmo tempo em que pode salvar vidas, manter hospitais, alimentar famintos, fomentar o amor-próprio ou entre casais, pode ser a causa da separação matrimonial, da depressão ou de guerras mortais. Seu uso não é instintivo, como se fosse algo que sabemos lidar desde o nascimento. O uso do dinheiro precisa ser estudado, calculado e constantemente refletido, buscando-se formas racionais de fazer uso dos recursos que tendem a ser escassos na maioria das famílias, frente a uma mente criativa que busca prazeres infinitos e que, não raro, é seduzida pelo insistente marketing.

Grande parte dos indivíduos nunca pensou que pode haver uma forma já estudada de lidar com esse meio de troca. Talvez ainda mais difícil seja imaginar que essa ciência chamada Educação Financeira é bastante acessível em um mundo em que o acesso à informação, antes difícil, impôs a necessidade de filtro e seleção para evitar a sobrecarga nociva de conteúdo, que pode se tornar até mesmo conflitante quando não se seleciona a fonte adequada.

Ao se falar em educação financeira, não há nada mirabolante ou de difícil entendimento, embora a profundidade do tema possa ser abordada e ajustada, desde as crianças em idade escolar (introdução do tema nas escolas, onde as bases das ideias que guiarão o indivíduo estão sendo formadas e aumentam as esperanças de que teremos uma próxima geração de indivíduos financeiramente educados) até as teses de doutorado e PhD. Será que existe alguma ciência que consiga unir estudos do comportamento humano, da psicologia social, do desenvolvimento de hábitos e ambições, além das maneiras de lidar com o dinheiro de forma tangível e material?

Decerto, os leitores estão acompanhando o raciocínio: a complexidade do tema pode ser imaginada superficialmente quando se considera a forma com que o ser humano desenvolve desejos e impulsos, desde a infância, com a poderosa influência dos pais, trazida até o presente em seu comportamento, em uma conjunção infinita de situações combinadas temporalmente, que a tornam impossível de ser replicada de maneira igual em pessoas diferentes.

Haveria uma forma de tornar algo tão complexo e subjetivo em ações concretas que permitam, ao longo do tempo, alcançar o uso otimizado dos recursos financeiros? Sim, a resposta se resume ao estudo e à aplicação prática da Educação Financeira.

Ao final da residência médica em Oftalmologia, comecei a trabalhar pela primeira vez.

Até então, dependia financeiramente dos meus pais, que sempre me deram tudo o que podiam (em diversas ocasiões deram até mais do que podiam e isso fica para outro livro). Antes disso, o único dinheiro que recebia era fruto das aulas de aeromodelismo que ministrava aos iniciantes do *hobby*, no Aeroclube de Pernambuco, principalmente durante os finais de semana, montante que era gasto no mesmo dia com a compra de mais combustível para voar.

Comecei a trabalhar após os 26 anos de idade, tendo antes disso me dedicado exclusivamente aos estudos, o que pode ser considerado um grande privilégio no país que vivemos. Antes de acabar os estudos, havia alguns convites e, sem querer desperdiçar oportunidades, abracei todos. Depois de quase dez anos dedicados aos estudos entre graduação e pós-graduação, começaria a ser remunerado pelo trabalho.

Não havia descanso. Dava plantão aos domingos e, de lá, na segunda-feira pela manhã, ia direto para o interior do Estado realizar atendimentos. No mesmo dia à tarde estava de volta à capital para atender na periferia. O processo se repetia ininterruptamente durante a semana, modificando locais e horários a fim de abranger o maior número possível de pessoas.

Comecei a acumular mais dinheiro do que imaginava e precisava dar algum destino ao fruto do esforço. Sem demora, me surpreendi nas andanças pelas livrarias e, quase ao acaso (será?), deparei-me com livros sobre educação financeira.

De forma inexplicável, o tema atraiu meu interesse e passei a ler vários deles. Em certo momento, lembro de minha felicidade ao perceber que havia lido todos os disponíveis na livraria. E fui ao próximo nível: aprofundar o conhecimento por meio de cursos livres e de pós-graduação, passíveis de realização *on-line*, o que me permitia estudar durante a noite, após o trabalho.

Não deve ser difícil presumir que a esse ponto estava submetido a uma carga horária extremamente desgastante: não havia turno em que estivesse sem trabalhar, incluindo os finais de semana.

Na maioria dos locais de trabalho, alternava cidades diferentes no mesmo dia e precisava "encaixar" um roteiro logístico que permitisse estar em cada uma por turno, voltando para casa ao final da tarde ou da noite. Nos finais de semana, conseguia dar plantões em emergências, já que os consultórios fechavam após o sábado pela manhã.

Nos primeiros anos, as consequências mostraram sua face sombria: sedentarismo, obesidade, impaciência, estresse, tensão, ausência nas reuniões familiares, distância dos amigos e do *hobby* predileto. Tinha mais dinheiro na conta do que conseguiria gastar, mas sem qualidade de vida. Será que valia a pena continuar vivendo aquela rotina? Estava insatisfeito, aquilo não era o que queria e algo precisava mudar. Não me refiro à tranquilidade financeira, mas a um novo e intangível bem que passei a valorizar mais que todos os outros ativos: o tempo.

Certas mudanças levam tempo e assim também foi comigo. Vejo hoje clientes ansiosos por um *click* que mude suas vidas em uma sessão de consultoria ou terapia financeira, quando, na verdade, geramos reflexões, *insights*, novas formas de ver o mesmo mundo, a fim de que eles reflitam e passem a ter aquele novo desejo como algo exclusivo seu.

A questão passava a ser: como conseguir tempo para estar presente com as pessoas que gosto e ter a liberdade de fazer, quando eu quiser, as coisas que me dão prazer? Encontrei a fórmula que me levaria à saída nos livros: precisava juntar um montante de dinheiro X, capaz de gerar uma renda Y, sem que fosse necessária a presença física, o que chamavam de renda passiva. Se isso fosse verdade, apenas precisaria acumular ainda mais dinheiro.

> *"Passei a refletir sobre a vida: saúde, família e a relação felicidade versus dinheiro."*

Quando fiz as contas, percebi que seria necessário tanto dinheiro que levaria ainda muitos anos de trabalho até atingir o objetivo desejado. Será que aguentaria manter aquele ritmo de trabalho por sabe-se lá quantas décadas? Ou seria melhor diminuir já a carga horária, usufruir mais da vida presente e entender que levaria toda uma vida de trabalho para talvez, ao final dela, ter acumulado o montante desejado?

Mas havia um detalhe importante ainda não considerado: se conseguisse multiplicar o dinheiro que já possuía, o tempo necessário para atingir tal montante encurtaria muito. Esse tempo dependeria da rentabilidade que conseguisse obter com os investimentos. Vislumbrei uma luz no fim do túnel, a possibilidade de ter uma vida com mais liberdade e tempo livre. A liberdade financeira deixou de ser apenas um sonho e mostrou sua concretude, plenamente realizável em poucos anos.

Críticas pelo caminho não faltaram, e deixo a primeira recomendação para o leitor: no início não há incentivos, só críticas. A busca pela independência financeira é uma luta solitária. O incentivo inicial só aparece daqueles que acreditam em você, ou veem potencial futuro na nova atividade.

Todas as outras mentes pequenas voltadas aos problemas presentes apenas irão puxar você para baixo. Não é culpa deles, faz parte da natureza humana o senso de preservação, de evitar riscos, o conservadorismo que não leva a lugar algum. Mas, a certa altura, o novo aprendizado de como lidar com o dinheiro bastante suado que recebia dava-me uma sensação de bem-estar. Parecia ter me encontrado. Com o tempo, tornou-se uma paixão maior do que eu.

Pelo que lia, precisava entrar no mercado financeiro, onde estava a maior possibilidade de multiplicação do pequeno patrimônio que possuía, mas que não parava de aumentar devido à grande capacidade de poupança que a minha vida de médico, solteiro e morando com os pais proporcionava.

> *"Obter mais experiências agradáveis em vez de procurar compensação emocional com a compra de bens materiais."*

Assim o fiz, comprando ações nos anos de euforia do mercado de ações brasileiro, até a crise do *subprime* em 2008 chegar e mostrar que eu estava bastante despreparado.

Quando o mercado apenas sobe por um tempo, todos se consideram gênios. Perdi metade de tudo o que havia acumulado após tantos esforços e turnos triplos. Fato consumado, dinheiro desaparecido e prejuízo gerado, só havia duas formas simples de agir: desistir do mercado financeiro (e nessas horas não faltam argumentos para pular fora e nunca mais voltar), ou estudar de verdade para saber como agir em situações de bonança ou crise.

Li diversas biografias dos gestores de fundos de investimento e investidores de sucesso, conheci seus desafios e aprendizados, participei presencialmente de eventos e estive em contato com as estrelas do mercado financeiro. Um novo *mindset* foi desenvolvido. Testei dezenas de estratégias de investimento por meio de *softwares* de análise estatística, as quais poderiam me levar aonde desejava, atravessando períodos de crise e bonança. Nessa época, o ritmo de trabalho já havia diminuído para dar caminho aos estudos do mercado financeiro e melhorar a qualidade de vida.

Em 2015, fui apresentado à **Metodologia DSOP** e sua sistemática organização das etapas que devem ser seguidas para obter sucesso na realização financeira. Passei a ter uma visão clara de até quanto poderia gastar e quanto precisaria continuar poupando para a realização dos sonhos materiais futuros. Não havia necessidade de trabalhar tanto, nem precisava poupar 80% a 90% do que ganhava, como cheguei a fazer nos primeiros anos por conta de uma orientação equivocada, após a formatura na residência médica em Oftalmologia.

Os sonhos se tornaram claros, planejáveis e tangíveis para o alcance em determinado prazo, com um esforço necessário para realizá-los bem menor do que inicialmente previa. Era uma nova visão de realizar feitos na vida, que trouxe três elementos positivos.

- Obter mais experiências agradáveis em vez de procurar compensação emocional com a compra de bens materiais.
- Procurar alternativas que demonstrem amor e gratidão por alguém, em vez de comprar presentes caros que duram pouco, como roupas novas, carro novo, múltiplas viagens ao exterior ou restaurantes de luxo.
- A incalculável liberdade de poder fazer o que ama, com moderação planejada, sem tornar-se escravo do relógio ou do trabalho.

Em resumo, a educação financeira associada ao investimento assertivo no mercado financeiro facilitou a redução da carga de trabalho e o aumento da qualidade de vida.

A crise econômica de 2008, que outrora trouxe grandes prejuízos, foi uma escola que me permitiu adquirir na recessão subsequente (2010-2015) excelentes ativos financeiros, acumulados a preços baixos, que passaram a se multiplicar violentamente quando o Brasil entrou no caminho da recuperação econômica.

Depois de uma década e meia investindo ininterruptamente, percebo que ao começar na Bolsa de Valores, sem conhecer a educação financeira, recebi o que considero o pior dos conselhos que alguém poderia ter recebido. Disse a pessoa: "não adianta estudar, o mercado está em crise e ninguém consegue ganhar dinheiro. É melhor ficar na renda fixa e buscar um emprego que pague mais".

A verdade é que, primeiro de tudo, precisamos ensinar educação financeira às crianças, que farão um futuro mais saudável financeiramente, com mais realizações e menos perturbações mentais ou familiares causadas pela falta de organização do dinheiro. Em quatro etapas heuristicamente resumidas pelo acrônimo DSOP, fica fácil colocar em prática os ensinamentos que mudaram a minha e mudarão a sua vida.

- Diagnosticar, sem medo ou vergonha, a situação financeira atual, saber para onde está indo o dinheiro que recebe, anotando todos os gastos mensais para a posterior análise.

Em geral, é a fase mais surpreendente, pois boa parte da renda familiar é gasta com coisas que não trazem benefícios, sem consciência plena do montante desperdiçado. Uma vez revertida uma parte ou a totalidade desse valor para a capacidade de realizar sonhos, os planos começam a andar de forma acelerada.

- Sonhar com as coisas que o dinheiro pode comprar, inclusive tempo. Aqui está a mola propulsora da geração de poupança. No entanto, é preciso policiar-se, pois o ato de poupar vai contra o instinto cerebral de acumular coisas, contra a mídia que fatura bilhões desenvolvendo as melhores e caríssimas estratégias de neuromarketing para fazer você comprar qualquer produto ou serviço.

Logo, para que você consiga realizar essa atividade por muitos anos seguidos, é necessário haver motivação, estímulo durante a caminhada. Por isso, nada é mais motivacional do que os sonhos financeiros, que devem ser traçados individualmente e em família, para realização em três períodos: curto, médio e longo prazos.

Todos os sonhos devem ter preço e prazo para realização.

Sim, por escrito, afinal todos serão realizados e, se não tivessem essas características de valor e duração, você já os teria realizado, algo que Robert Kiyosaki, autor do *best-seller Pai Rico Pai Pobre*, chama de comer cenouras no caminho, ou o que Richard Thaler, ganhador do prêmio Nobel em finanças comportamentais, explica em seu livro

> "Todos os sonhos devem ter preço e prazo para realização."

Nudge de forma simplificada: a racionalidade humana é limitada, e não suficiente para obtenção de certos resultados, pois se assim fosse, não existiria obesidade, tabagismo ou pessoas sem investimentos, por exemplo.

Todos sabem da necessidade de se alimentar corretamente, sabem que o cigarro faz mal e que é necessário investir para ter tranquilidade financeira no futuro – mas apenas uma minoria o faz.

• Orçar pode ser classificado como um pilar de análise. Proporciona enxergar o que foi diagnosticado e observar o que será feito no passo seguinte, o poupar. São as estratégias a serem tomadas para conseguir realizar o sonho.

Nessa etapa, a prioridade é separar de tudo que se recebe, em primeiro lugar, o montante já predeterminado para a realização do sonho. Não se pode deixar para separar a porção que será poupada ou investida após realizadas outras despesas, pois se assim o fizer, será difícil sobrar dinheiro para a concretização dos sonhos materiais.

• Poupar: quanto maior a renda em relação aos gastos essenciais, maior sua capacidade de poupança e mais rápido será o caminho para a independência financeira. Uma vez atingida essa última etapa da **Metodologia DSOP**, será então possível aplicar o dinheiro no mercado financeiro, com a ajuda de um competente profissional da área e o devido cuidado com os conflitos de interesse inerentes a essa indústria.

Quando se alia a capacidade de poupança gerada pela **Metodologia DSOP** com o potencial de multiplicação do capital poupado por meio dos investimentos, o aumento patrimonial acelera exponencialmente.

Hoje, atuo como educador financeiro e agente autônomo de investimentos, ajudando muita gente a realizar sonhos financeiros, o que me deixa em um novo estado de realização e plenitude, que independe do dinheiro recebido nessa nova atividade.

Além disso, continuo trabalhando como médico oftalmologista. Conquistei tempo livre para curtir os *hobbies* e a linda família que formamos. Sei que ainda há muito a aprender e fazer, pois existem milhares de pessoas que necessitam de ajuda para organizar e otimizar a vida financeira, mas aprecio tanto os resultados já conquistados quanto as ações do presente, que estão em curso e resultarão nos sonhos de amanhã.

Depois de 15 anos investindo, não dependo mais do meu trabalho diário para pagar as despesas básicas do dia a dia. Isso não significa que cheguei aonde quero, ou que tudo será fácil daqui para a frente. Quanto mais estudo, mais percebo que posso melhorar. Mas sim, recomendo a Educação Financeira, uma solução que te permite poupar e se educar, sonhar e ser feliz, além de facilitar o caminho para assumir investimentos que funcionam no mercado financeiro, independentemente de qual seja seu padrão de vida atual.

Renato Russo estava certo ao musicar, na letra *Mais uma vez*, uma frase que faz sentido para mim muito além do que possa ser considerado um clichê: "quem acredita sempre alcança".

Para finalizar estas breves linhas, posso oferecer um conselho gratuito e repleto de boa intenção a respeito de seu futuro?

O melhor dia para começar a investir foi ontem. Hoje é o segundo melhor. Apesar do possível medo, se você não conseguiu começar ontem nem hoje, decerto sabe qual é o melhor dia para o pontapé inicial que há de levar aos sonhos!

Desejo-te prosperidade e abundância.

Deus te abençoe!

BRUNO CAVALCANTI

Uma mente inquieta na busca incansável pelo conhecimento científico percebeu que a melhor forma de se livrar da escravidão imposta pela rotina de trabalho seria gastar menos do que ganha durante alguns anos, até que seus objetivos financeiros fossem alcançados.

Formado em Medicina pela UPE/PE com especialização em Oftalmologia, é mestre em Educação Financeira pela Florida Christian University/Orlando, *pós-graduado em Educação Financeira –* **Metodologia DSOP** *pela Unis/MG e pós-graduado em Finanças, investimentos e* banking *pela PUC/RS.*

Possui certificações CPA-10, CPA-20 e CEA pela Anbima, CNPI-T pela Apimec, além de AAI pela Ancord.

Membro da Associação Brasileira de Educadores Financeiros e Agente Autônomo pela ZAHL Investimentos/XP, tem como paixão ajudar pessoas a enxergarem o potencial transformador de suas poupanças, quando aplicadas corretamente no mercado financeiro.

COMO INVESTIR **ALÉM DOS GRÁFICOS** E DAS **PLANILHAS**

RAPHAEL SOPRANI

ARQUIVO PESSOAL

Foi aos 15 anos de idade que ingressei na vida profissional. Não por necessidade, mas pelo despertar do próprio interesse.

Como dizia Freud, "somos frutos do meio em que vivemos" e a frase explica esse meu início precoce, pois em casa sempre tive como exemplo os pais, avós e tios, todos empreendedores natos que repetiam a receita: para chegarmos aonde queremos, precisamos trabalhar com foco e objetivo no hoje e no amanhã.

A partir daí, comecei a receber remunerações externas, pois só conhecia a mesada, que não tinha relação com nenhum indicador financeiro a não ser o IGPM (Índice Geral do Papai e da Mamãe), que balizava se teria ou não reajustes a caminho da próxima mesada.

Naqueles idos, diante de meus olhos desfilavam os exemplos profissionais bem-sucedidos dos amigos e, principalmente, da família: avós, pais, padrinhos, tios de faixas etárias diversas que trabalhavam em vários setores da economia. Passei a ter a ideia de que o mundo dos investimentos existia para aqueles que tinham oportunidade, coragem e muito trabalho, nessa exata ordem, e imaginei que nada mais se faria necessário, pois o processo se mostrava acumulativo, constante e exponencial.

Ficou mais fácil entender como faria para alcançar as mesmas realizações pessoais e ter a segurança financeira para um futuro próspero e extraordinário. Então, tive a primeira experiência de investimentos sem educação financeira.

Trabalhava em tempo integral na empresa que atuava com tecnologia de automação comercial. Atendia grandes contas, pois a empresa possuía certificações e autorizações que somente as mais capacitadas e envolvidas com o segmento conseguiam. Atuando como técnico do laboratório, continuava os estudos, decidido a ingressar na faculdade de engenharia três anos depois, um dos sonhos acalentados desde menino.

Vivenciava um contato diário com os proprietários, especialistas em administração de empresas do setor tecnológico. Eles costumavam fazer uma analogia com o corpo humano para melhorar a compreensão dos colaboradores sobre o fluxo das atividades na empresa. O laboratório técnico, o coração que dava oxigenação e ritmo para as operações. O corpo técnico externo, braços que alcançavam e seguravam os clientes com produtos e serviços. A equipe comercial, pernas que mantinham o corpo em movimento para buscar novos clientes e mercados em ascensão. Ao final, a diretoria, a cabeça que via, recebia, interpretava, manipulava e direcionava todos os membros para os caminhos do lucro e do sucesso da empresa. Dentro da analogia, o dinheiro empregado nas operações era a energia do corpo humano para os membros funcionarem, no caso, departamentos e seus colaboradores.

Trabalhei no departamento técnico por dois anos. Durante os cinco anos de trajetória, passei pelos departamentos de qualidade, compras e comercial, até chegar ao objetivo maior e me formar como Engenheiro Eletrônico com Telecomunicações. Agora, tinha condições financeiras e conhecimento para iniciar a própria empresa, atuando naquilo que mais absorvi experiência. Notei a necessidade do desenvolvimento de tecnologias sistêmicas para atender solicitações específicas dos segmentos atacado e varejo, com produtos e serviços pelos quais essa empresa já era conhecida e possuía larga experiência na comercialização.

Dada a intimidade que tinha com os diretores, tive a ousadia de, ao final do expediente de uma sexta-feira – supunha que fosse o melhor dia, pela proximidade com o período de descanso e relaxamento –, expor aquilo que estaria prestes a iniciar, munido da maior certeza do mundo de que seria ouvido, aclamado e que apresentaria ali a solução dos problemas. Propus, então, que fossem meus sócios investidores nessa empresa.

A reação deles sequer se aproximou do que imaginei. Quase não fui ouvido. A quantidade de perguntas feitas naquele momento tornava impossível raciocinar com o tempo que me davam para responder, inclusive para respirar.

Passados aquele dia e o respectivo estresse, não desisti do que queria. Coloquei as experiências e os conhecimentos em um plano de negócio, definindo como apresentar o projeto de maneira mais objetiva e concreta aos meus futuros sócios investidores.

Na segunda oportunidade que me deram, obtive as mesmas respostas e entendi que eles não tinham experiência no que eu apresentava e o que eu queria desenvolver não fazia parte do conhecimento deles até aquele momento. Percebi ainda que não tinham o valor disponível para o investimento necessário que os transformaria em partes do negócio.

O projeto e a minha força de vontade eram certos. Somente precisava de uma oportunidade, ou melhor, um parceiro. Eis que surge um cliente do segmento atacadista que acabaria por se tornar um amigo, devido ao atendimento exclusivo que a sua empresa recebia da empresa em que eu ainda trabalhava.

Eu já tinha um certo conhecimento, estudara sobre o segmento do desenvolvimento de sistemas, e ficava mais fácil estruturar uma proposta para passar a atender e iniciar os serviços do desenvolvimento da empresa que saía do sonho e passava a ser realidade, a minha empresa.

Diante do compromisso e com os conhecimentos necessários, minha empresa de tecnologia em desenvolvimento de sistema para controle e gestão do segmento atacadista e varejista começava a desbravar o mercado tecnológico para atender também às necessidades fiscais, um dos maiores problemas do segmento, que enfrentava mudanças e exigia um grande diferencial. Assim, iniciei o meu negócio em paralelo ao trabalho que realizava.

Como o negócio consistia no desenvolvimento e implantação de um programa de *software*, a empresa era virtual, sem escritório físico. Usava um *coworking*, que gerava uma visão distorcida do nosso profissionalismo e da segurança de informações.

Um espaço físico para atender o desenvolvimento que começava a despontar, com o objetivo de suprir correções e integrações mais rápidas, melhorando o suporte ao cliente, foi necessário. O crescimento foi se estabelecendo de forma rápida. Com as demandas de um mercado em expansão, a procura e as indicações dos clientes se multiplicaram, e percebi a necessidade da minha presença em tempo integral. Havia chegado a hora da transição de empregado a empregador. Precisava sair da empresa onde tudo havia começado. Não poderia esperar ou teria sérios riscos de frear a expansão pela falta de tempo para focar na empresa dos meus sonhos.

Ao pedir demissão e conversar com os proprietários e diretores, percebi que ficaram orgulhosos pelo que estava acontecendo e pela decisão profissional. Ao mesmo tempo, demonstraram preocupação, pois, aos olhos deles, empreender quase sem experiência era um risco alto e o meu plano de negócio, concluíram, bastante arrojado. Ainda assim, era o projeto que eu tinha em mente e não retrocederia.

"Durante um almoço de domingo em família, uma feliz ideia teve efeito positivo: ter ao lado as pessoas que mais me ensinaram, em quem mais confio na vida, os meus pais."

Novas tecnologias e integrações para automação comercial, parcerias, contratos, casos de sucesso e contratações mostravam que havia tomado a decisão certa. Mas logo percebi que começava a ter problemas de entrega com os prazos de desenvolvimento e atendimento. Como a empresa era pequena, rapidamente foi detectado o problema, em reunião com o líder de departamento de desenvolvimento, que confidenciou a seguinte situação:

– Raphael, estou com um problema seríssimo, minhas finanças estão em colapso.

Fiz compras, os empréstimos trouxeram descontrole e a coisa virou uma bola de neve.

O resultado disso é que o funcionário estava totalmente desatento, estressado e apático, caminhando para uma depressão. Naquele momento, percebi que precisava de uma ação rápida para a retomada. Se o problema era financeiro, melhorar o seu ganho resolveria tudo. Mais que depressa, retomaríamos a frente das operações comercializadas e alinhadas com os clientes e parceiros. Então, a ação foi satisfatória em um primeiro momento. Aumentei o seu salário e, na sequência, fiz uma proposta para que ele tivesse uma porcentagem no contrato social da empresa, pois estava comigo desde o início, conhecia o desenvolvimento e sabia do foco naquilo em que acreditávamos.

Em alguns meses, voltamos a cumprir os prazos dos escopos de projetos e tínhamos o crescimento outra vez no radar. Foi então que surgiu a noção da dependência de minha vida, inclusive financeira, em relação a essa empresa. O *insight* levou-me a buscar um novo investimento que cumprisse alguns requisitos. Decidido a não competir com a própria empresa, e sim aliar-me às demandas, pretendia depender o mínimo possível de pessoas no negócio principal. Coloquei em prática o conhecimento adquirido na primeira empresa em que trabalhei, abrindo uma empresa para representação e comercialização de equipamentos para automação comercial, agregando serviços e integrando soluções finais. Logo, as empresas se entrelaçavam e não concorriam entre si.

A nova empresa apresentava resultados positivos, mas ainda longe de ser interessante. Para que pudesse dar a ela o sentido que eu projetava, precisava de investidores que fossem de extrema confiança, detentores de conhecimento e experiência, e que trabalhassem exclusivamente no negócio, para que eu ficasse livre e pudesse trabalhar na primeira empresa.

Durante um almoço de domingo em família, uma feliz ideia teve efeito positivo: ter ao lado as pessoas que mais me ensinaram, em quem mais confio na vida, os meus pais. Mais do que depressa, meu pai, que se encontrava aposentado e fazia planos para uma empresa própria, aceitou a sociedade e conseguimos dar a atenção necessária para que ela se tornasse uma empresa mais bem estruturada.

Nos anos seguintes, o crescimento das minhas empresas foi modesto, com base no que o mercado informava ser o ideal. Os cursos de aperfeiçoamento pessoal e profissional me muniram de um conhecimento que facilitou a análise e a crítica dos resultados.

Comecei a notar que os únicos investimentos e recursos financeiros que possuía ainda não suportavam plenamente as finanças pessoais. De acordo com a qualidade de vida que escolhi, tais recursos poderiam simplesmente se consumir por estarem entrelaçados. Percebi a real necessidade de outro investimento, que seguisse primordialmente o contexto da minha percepção: atuar em outro segmento de mercado.

Acabei compartilhando essa busca com os amigos e recebi algumas informações importantes para estudar uma possibilidade de atuação. Uma delas me chamou atenção pelas características; não precisava de espaço físico, muitos funcionários ou experiência no negócio. Seria rastreável sob todos os aspectos e previa uma operação administrativa simples, com variadas oportunidades e poucas empresas em atuação. Quanto ao ponto negativo de maior destaque, seria um investimento financeiro alto para aquele momento.

Comecei a estruturação financeira com o objetivo de abrir a transportadora de minérios e pedras. Foi um início cauteloso, com a aquisição do primeiro caminhão para adquirir experiência no ramo (e até pela questão do valor de investimento que seria feito *versus* o que tinha disponível).

> *"Aproveitaria a ocasião da auditoria na pessoa jurídica para organizar a situação financeira pessoal, já que estava totalmente interligada com as demais."*

No primeiro ano de operação, não obtive lucro, mas sim um alto faturamento. Os amigos do segmento indicaram os problemas advindos da inexperiência. Porém, coloquei a pseudometa de que decolaria nos próximos anos. Afinal, tudo o que acontecera naquele ano serviu como exemplo: quebras, batidas, roubos e até mesmo contratos fraudados. Tinha certeza de que adiante saberia por onde caminhar, pois esse histórico apresentava com clareza que as coisas não seriam da maneira que imaginara lá no início.

Agora, proprietário de três empresas, duas do segmento de tecnologia com sócios minoritários e outra de transportes em voo solo empresarial, estava mais tranquilo com relação à segurança dos investimentos diversificados. Mas, àquela altura, não eram sustentáveis e posso explicar o motivo.

Havia estruturado uma empresa nova usando recurso das outras duas, nas quais era o sócio majoritário e detinha direitos contratuais sobre o controle financeiro e os investimentos.

No ano seguinte não consegui decolar. Comecei a ter problemas financeiros seríssimos, sem saber identificar a fonte exata. Os meus controles, conciliados com as contas bancárias, apresentavam a mesma informação: saldo negativo nos próximos meses, mesmo com a crescente dos faturamentos em ambas as empresas.

No auge do desespero e como única opção que considerei plausível, contratei uma empresa de consultores e auditores.

Aproveitaria a ocasião da auditoria na pessoa jurídica para organizar a situação financeira pessoal, já que estava totalmente interligada com as demais.

O contrato dos auditores estava fechado para seis meses, conforme análise e requisição desses profissionais. Tivemos uma sensível melhora e, ao fim, houve a entrega dos relatórios financeiros e dos procedimentos modificados para melhorar a performance em todos os setores:

- Treinamento contínuo nas áreas.
- Acompanhamento de índices e metas implantados nos departamentos para medir a performance.
- Separação das contas bancárias por empresas, inclusive dos sócios, com pró-labores bem definidos.
- Análise que cruzava recebimento *versus* despesas.
- Diminuição dos custos e aumento do faturamento para pagar as despesas vencidas e alcançar, enfim, o crescimento efetivo.

Adquiri mais conhecimento sobre as minhas empresas e aprendi técnicas para operar os controles com mais efetividade. Ainda assim apresentava instabilidade financeira. Ao fazer a pesquisa de satisfação dos colaboradores, percebi que alguns apresentaram insatisfação com a remuneração e, como sempre, trabalhei em cima da teoria dos "3 Ps": pessoas, processos e produtos.

A estratégia permitiu ver que o foco é o colaborador. Vislumbrei ainda em que situação me encontrava e aonde caminhava.

Sou brasileiro e não desisto nunca. Esporadicamente, compartilhava informações com as pessoas dotadas de mais experiência. Em outra reunião familiar, conversando com os meus pais e o meu avô, obtive informações dessas pessoas em quem confio plenamente, e que vivenciaram problemáticas parecidas, conseguindo dar a volta por cima e vencendo na vida.

A primeira lição foi típica de quem viveu muitas primaveras: Nunca tome decisões baseadas no desespero, que normalmente culminarão em erro!

Com a inteligência emocional fora do comum e mais do que conhecedora de meu perfil, minha mãe sabia quão próximo eu estava do desespero de perder tudo aquilo que estávamos construindo. Generosa, me convidou a conhecer o trabalho da empresa em que, naqueles dias, ela fazia a estruturação pedagógica, e, inclusive, no curso dessa empresa que seria realizado no final de semana seguinte, ela ministraria junto ao PhD Reinaldo Domingos, mentor da Educação Financeira com a **Metodologia DSOP** e presidente da empresa. Aceitei o convite sem titubear, pois adquirir conhecimento traz sabedoria.

"Nunca tome decisões baseadas no desespero, que normalmente culminarão em erro!"

Na manhã de sábado, cheguei ao curso no horário e local informado. Deparei-me com pessoas de diversas faixas etárias e sociais, vindas de diferentes regiões do Brasil, todas desejosas de conhecer melhor o que era a educação financeira. No primeiro dia, entendi que não se tratava de uma ciência exata. Engenheiro de formação, até ali não via as coisas de outra maneira. Mas aprendi a ver a educação financeira tal qual a proposta DSOP: pela perspectiva humana, embasada em hábitos, costumes e comportamentos construídos ao longo do tempo.

No domingo, o fim do curso somente comprovou o que os mestres mostraram, o real problema de minha empresa e de outras, inclusive em vários países, o analfabetismo financeiro, ou seja, a vã suposição de que problemas financeiros se resolvem por meio de operações matemáticas, planilhas, análise e relatórios.

Comecei uma nova vida sob os aspectos pessoal e profissional, utilizando a **Metodologia DSOP** apresentada no curso, que mudou minha maneira de pensar em relação a SER, FAZER e TER. Ao longo do tempo, participei de cursos, treinamentos e pós-graduações específicas da Educação Financeira, me tornando um agente transformador.

No meu conceito, o ser humano é o primeiro e principal recurso a melhorar. Por isso, em minhas empresas passei a desenvolver o conceito da **Metodologia DSOP** entre os colaboradores, parceiros e clientes, mudando o meu entorno e mostrando quão extraordinária a vida pode ser com essa ciência.

Com o novo recurso, consegui fazer aquilo que me preocupava há anos, recuperar financeiramente as empresas e alguns colaboradores. Por que só alguns? É elementar: em um primeiro momento, nem todos conseguem compreender a grandiosidade do tema, absorver a necessidade de ter maior segurança e garantia dos investimentos. É um novo modo de pensar que consiste em entender o que se quer por meio dos sonhos, fazer o diagnóstico para saber como está, traçar um orçamento que priorize esses sonhos e reajuste os compromissos, a fim de começar a poupar e realizar o que se deseja, simples assim.

Em seis anos de disciplina e comprometimento com os meus sonhos, vivendo e praticando a **Metodologia DSOP**, consegui aquilo que não havia realizado em quinze anos, a despeito de tanto trabalho e esforço.

Hoje, entendo que tudo em nossa vida se resume a investimentos, pois aplicamos tempo e esforço sempre a fim de obter algo, mas somente seremos vitoriosos se estivermos embasados em um jeito de fazer com que os sonhos e propósitos se realizem, de acordo com o padrão de vida permitido por nossos recursos.

A partir do momento em que me eduquei financeiramente, não tomei mais decisões sozinho, mas em família, com quem compartilho a vida, minha esposa e meu filhinho, que mesmo com apenas dois anos de vida vai convivendo com as nossas atitudes e os nossos comportamentos, para que aprenda a fazer escolhas conscientes. Afinal, sonhar é maravilhoso, mas excepcional é realizar os sonhos.

Meu sonho maior é ser financeiramente independente aos 45 anos de idade e, desde o final de semana em que Reinaldo Domingos apresentou sua vivência de maneira simples, tenho certeza de que conseguirei.

Investir é muito mais do que fazer dinheiro render. Posso dizer que, ao ensinar a **Metodologia DSOP**, investimos no futuro de uma sociedade mais próspera, poupamos aborrecimentos ou incertezas e criamos a oportunidade de potencializar a sustentabilidade financeira, auxiliando as gerações a se tornarem financeiramente independentes.

RAPHAEL SOPRANI

Raphael Soprani é Empreendedor, Educador Financeiro, com MBA em Educação Financeira e Coaching pela Metodologia DSOP, Gestor de Projetos em TI pela FCG Business School, Engenheiro Eletrônico com ênfase em Telecomunicações pela Unifei.

Atua como CEO da REW Soluções e Diretor de Projetos na HX Tecnologia, mentor de gestão financeira para empreendedores do ramo alimentício com tecnologias em ERP e Fintech. Tem expertise em estratégia de vendas, retenção de clientes e inteligência de mercado no setor de padarias, restaurantes e franquias.

É investidor do mercado financeiro, além de, com muito orgulho, esposo da Audrey e pai do Bryan. Publicou os seguintes trabalhos: Planejamento financeiro familiar: necessidades coletivas e projeto individual, pela Faculdade de Ciências Gerenciais (FCG Business School); Controle e Gestão Wireless (sem fio) através de RFID (Identificação por Radiofrequência), pela Universidade Anhembi Morumbi; Implementando robô experimental, Hopi Hari, São Paulo.

COMO **EDIFICAR** O **PATRIMÔNIO** COM EDUCAÇÃO FINANCEIRA **E INVESTIMENTOS**

HERICA GOMES

CACÁ LIMA

Aprender a investir foi um desafio, o mais saboroso de todos que já enfrentei na vida.

Aprender a investir foi um desafio, o mais saboroso de todos que já enfrentei na vida. No entanto, não é nada fácil trabalhar o comportamento para agir de forma estratégica com o dinheiro, em uma sociedade muito preocupada em ter, mas pouco em ser, e que deveria estar focada no "agora".

Até pouco tempo, pensava exatamente como a maior parte da população brasileira: investimentos não são para mim, isso é coisa de gente rica, que tem muito dinheiro. Quando alguém dizia a palavra "investimentos", logo associava à Bolsa de Valores, achando que somente esse produto existia no mercado.

Até que conheci algumas alternativas viáveis de investimento para o meu perfil e a respectiva disponibilidade de recursos financeiros. Porém, confesso que levou muito tempo para acreditar que poderia entrar nesse novo universo, que seria capaz de gerir os próprios recursos e conseguiria transformar tudo isso em profissão.

Venho de uma família pequena, filha única de uma professora e um coordenador de planejamento de grandes obras. Em casa sempre se falou em poupar, economizar. Tínhamos uma vida regrada, pois os salários dos meus pais eram médios, o suficiente para a vida tranquila, sem excessos.

Minha mãe, sempre mais planejada, com frequência falava sobre poupar na caderneta de poupança. Meu pai, mais ousado, fazia outros tipos de aplicação, embora nada com planejamento ou consistência. Ao mesmo tempo que ele guardava dinheiro em alguma aplicação, depois ia lá e retirava tudo para comprar alguma coisa ou viajar.

Então, eu vivia nesse meio entre um que poupava, economizava tudo o que podia, e outro que era mais mão-aberta e sem planejamento para o futuro.

Até que muitas crises econômicas foram surgindo no país e começamos a passar por situações complicadíssimas, como o desemprego. Pagar todas as contas já não era mais uma realidade.

Quando comecei o Ensino Médio, a situação estava estabilizada e ganhei uma bolsa de estudos na escola. Imediatamente, meus pais (sobre o meu futuro ambos eram financeiramente conscientes) direcionaram o desconto da mensalidade para uma caderneta de poupança em meu nome, uma forma de me ensinar que qualquer economia feita não era para "gastar mais" em outra categoria, e sim para guardar e fazer o dinheiro crescer. Naquela época a caderneta era um excelente negócio.

E foi assim que tive diversas lições sobre a importância de ser educada financeiramente.

Justamente os hábitos inadequados das pessoas com os seus recursos financeiros fazem a relação com a família se deteriorar. Enquanto contribuo para esta obra, uma pesquisa do SPC Brasil e do Banco Central relata ser a crise financeira a segunda causa de divórcio no Brasil. A mesma pesquisa aponta, também, que 46% dos casais brigam por causa de dinheiro e outros 15% não acham que falar de dinheiro combine com o relacionamento.

"Quando comecei a trabalhar, gastei todo o primeiro salário e, por orientação de minha mãe, combinei que dali em diante sempre guardaria uma parte para o futuro."

Apesar do baixo percentual, considero grave o fato de o casal não querer falar sobre dinheiro e planejamento financeiro, ou que não queira trazer para o diálogo as dívidas e dúvidas que envolvem cada parte, afinal, quando não há diálogo aberto, a situação pode se complicar e a relação ficar abalada. Em meus atendimentos de terapia financeira, já me deparei com cenários em que a mulher tinha muitas dívidas e o marido não sabia, o que trazia desconforto para ela e insegurança para a relação.

Vivendo todos esses altos e baixos dentro de casa com os meus pais, em que uma parte era planejada financeiramente e a outra nem tanto, entendi que o melhor caminho para a minha sustentabilidade seria cuidar dos próprios recursos.

Eu alimentava o hábito de poupar, mas nunca com objetivos claros de médio ou longo prazos. Tinha consciência da necessidade, mas não agia nessa direção. Passei anos em um ciclo que se resumia a poupar e, no futuro, gastar o que havia poupado.

Casei com uma pessoa organizada financeiramente, um estudioso sobre o assunto finanças e engajado no mundo dos investimentos. Entretanto, acreditar que seria possível investir em aplicações mais robustas era bem difícil para mim, que só conhecia e confiava na caderneta de poupança. O medo era o principal sentimento, já que não estava acostumada a lidar com rentabilidades negativas, o que é natural acontecer em alguns produtos financeiros, e nem me considerava apta a passar por tal situação.

Além disso, tinha o velho hábito que comentei, de poupar e gastar. No mundo dos investimentos, dependendo do ativo em que se aloca recursos, o resgate pode custar caro e levar um tempo para se realizar.

Eu queria entrar nesse mundo, até porque o número de brasileiras investidoras é muito abaixo do número de homens investidores. De acordo com um levantamento do Tesouro Nacional e da B3, em 2018 tínhamos 69% de homens investindo no Tesouro Direto e apenas 31% de mulheres. Na Bolsa de Valores, 78% de homens e 22% de mulheres. Eu me perguntava o porquê, mas sabia a resposta: assim como eu, as mulheres têm medo de investir, desconhecem o tema e consideram que é assunto do universo masculino. Crenças limitantes fazem com que poucas se permitam vasculhar um ambiente tão dominado pelo sexo oposto.

Então, entendi que para sair do patamar de "minoria" precisava, o quanto antes, ter acesso a algum método mais eficaz, para que minhas economias fossem sistematizadas e bem direcionadas.

Isso aconteceu quando conheci a **Metodologia DSOP**. Melhorei o planejamento financeiro e o hábito de poupar ficou mais consistente.

A **Metodologia DSOP**, composta de quatro pilares, propõe que a pessoa mude os hábitos iniciando por um diagnóstico de sua vida financeira, para entender a fundo como está a movimentação de seus recursos, de suas dívidas e quais ações deverão ser implementadas para solucionar os problemas encontrados. Em seguida, por meio da determinação, deverá elencar no mínimo três sonhos: de curto, médio e longo prazo. A pessoa há de eleger um percentual da renda a destinar para cada sonho. É importante observar que é necessário poupar dinheiro para os três sonhos ao mesmo tempo. A partir daí, deve-se iniciar uma adequação do estilo de vida (não raro, vivemos em um padrão acima das possibilidades reais), feita no pilar orçar, para que a pessoa primeiro se pague, ou seja, retenha um valor para si, e só depois pague suas despesas. Esse valor que será retido a partir de então é o ensinamento do pilar poupar, e deverá ser investido em algum ativo para que o patrimônio esteja em constante crescimento.

Tenho consciência de que sem estudo e dedicação, o alcance dos objetivos, das minhas metas, fica comprometido. Especialmente no que tange a investimentos, estudar é essencial, porque temos opções no mercado melhores que a caderneta de poupança, cuja rentabilidade está atrelada à taxa básica de juros do Brasil, a Selic. No entanto, para definir onde alocar seus recursos, praticar o autoconhecimento, estudar e conhecer como tudo funciona é essencial.

Lembrando que educar-se financeiramente deve ser o primeiro passo, afinal, o que você vai investir, caso não saiba poupar uma parte da sua renda mensal?

Se continuar no caminho de gastar mais do que ganha ou gastar tudo o que ganha, nem adianta estudar investimentos. É tempo perdido. Comece pelo começo, que prevê entender os hábitos que você deve mudar hoje, para encontrar resultados melhores sobre os seus gastos e suas economias.

COMO CONSTRUIR O SEU PATRIMÔNIO

Depois de muito tempo só observando esse mundo de investimentos, resolvi embarcar e alocar meu dinheiro em fundos do banco onde tinha conta-corrente. Justamente na primeira vez que deixava a caderneta de poupança de lado para aplicar em outro tipo de investimento, uma crise econômica surgiu, tornando a rentabilidade do fundo em que iniciei aplicações bem negativa. Na minha visão de investidora amadora, estava perdendo dinheiro naquele momento.

Voltei à estaca zero, mas não deixei o desespero tomar conta e mantive o valor no investimento, mesmo com a rentabilidade negativa. A vontade de resgatar tudo na primeira sensação de perda era forte. Entretanto, busquei orientação e vi que o mais adequado seria manter. Apesar disso, voltei a aplicar somente na caderneta e fui estudar mais o assunto, porque via amigos e família investindo e eu ali, naquele velho hábito de poupar sem perspectivas.

Comecei por entender o meu perfil de investidora e considero importante explicar um pouco mais sobre o que é comum acontecer.

Muitas vezes, na ansiedade de começar logo e achando que vai ficar rica, a pessoa investe onde tem maior rentabilidade, o que pode significar alto risco, sem analisar se possui perfil para isso. Não invista achando que vai ficar rico do dia para a noite. Para construir um patrimônio, é necessário tempo e paciência, portanto, investimentos de longo prazo.

Antes de iniciar seus investimentos, você deverá preencher um questionário para que a corretora ou o banco façam uma avaliação sobre seu comportamento perante algumas situações desse universo. São perguntas que investigam os objetivos e o respectivo prazo almejado, a maneira como lidaria com a variação da rentabilidade e se aceitaria bem os riscos. Tais questões auxiliam os profissionais do mercado, que se municiam antes de ceder recomendações mais assertivas. O investidor poderá ser classificado em três perfis.

Conservador – que não se dispõe a correr riscos, cujo discurso principal é "não quero perder nenhum centavo". Você pode até perguntar se existe alguém no mundo que aprecie perder, e eu respondo: não é que a pessoa aprecia, mas que aceita bem a volatilidade e sabe que pode perder hoje para ganhar bem mais no futuro. Em contraponto, os conservadores não lidam bem com essa volatilidade.

Moderado – que lida melhor com a volatilidade do mercado, assume um pouco mais de risco, aceita bem uma rentabilidade negativa sabendo que a qualquer momento ela pode melhorar e trazer resultados positivos para os investimentos. São os típicos investidores que têm sim aplicações em ativos de baixo risco. Eu diria que se arriscam, mas com um pé atrás.

Arrojado – aceita bem os riscos inerentes aos investimentos mais arrojados, entendendo que esses produtos podem trazer melhor rentabilidade. Aceita nadar contra a correnteza e vai ao encontro do risco que os demais perfis costumam evitar. Pensa em médio e longo prazos.

O perfil investidor muda com o tempo, especialmente se a pessoa passa a estudar e a buscar conhecimento para atuar nesse universo. Ela pode começar como conservadora e, ao avançar do tempo, chegar sim ao perfil arrojado. Não ocorre da noite para o dia, tampouco é uma regra, mas é muito provável.

Após bastante estudo e experiência, hoje entendo que investir é um desafio. O mercado muda com frequência, temos uma economia frágil e instável, o que leva a algumas situações que podem afetar os investimentos.

Variadas opções de investimento se dividem em duas classes, no que tange ao tipo de rentabilidade, renda fixa e renda variável. Dentro dessas classes, temos os tipos de investimento, conforme demonstro na tabela.

RENDA FIXA	RENDA VARIÁVEL
Poupança	Ações
Tesouro Direto	Fundo de Ações
CDB (Certificado de Depósito Bancário)	Fundos Multimercados
LCI e LCA (Letras de Crédito Imobiliário e do Agronegócio)	FII (Fundos de Investimentos Imobiliários)
LC (Letra de Câmbio)	ETFs (Fundos de Índice)
Debêntures	Derivativos
Fundos de Investimentos	COE (Certificado de Operações Estruturadas)

Obs.: investimentos também podem ser categorizados por tipo de liquidez, prazo e risco, além da rentabilidade. No entanto, vamos nos ater à divisão por tipo de rentabilidade, que é o caminho mais fácil para quem está iniciando.

Na renda fixa, o investidor está na posição de quem empresta dinheiro para alguém, que pode ser do setor público ou do setor privado, e tem esse empréstimo quitado no prazo estabelecido no título, de acordo com taxas, índices e rentabilidade determinados no momento da transação. Nesse tipo de investimento, a remuneração é calculada no momento em que você faz a aplicação.

Na renda variável, o investidor está na posição de acionista do negócio e terá participação nos lucros do ativo. Nesse tipo de investimento, não há como dimensionar a remuneração de forma antecipada, porque o mercado financeiro é muito variável e os rendimentos podem ser afetados por diversos fatores. Por isso, diz-se que os investimentos em renda variável são de alto risco, o que faz com que a maioria das pessoas não se arrisque.

Vale salientar que investimentos em ações e renda variável devem ser feitos de forma consciente, frutos de estudo e conhecimento, ou sob acompanhamento de bons profissionais da área. Afinal, o paciente procura o clínico geral para zelar pela saúde física e o psicólogo para entender suas demandas emocionais. Por que não procurar especialistas em investimento quando o assunto é ajudar a entender e zelar pela saúde financeira?

Para quem ainda está na velha caderneta de poupança, a mudança de hábitos é desafiadora. Portanto, a sugestão é começar a experimentar esse universo de investimentos a partir da renda fixa. Quando a taxa Selic está em queda, por exemplo, é bom para a nossa economia, mas ruim para os rendimentos que a têm como base. Em resumo, começar pela renda fixa é um ganho para quem está aprendendo, pois a possibilidade de perder dinheiro é menor.

A renda fixa, como mostra a tabela anterior, apresenta várias oportunidades de investir. Sobre todas elas, exceto caderneta de poupança, LCI e LCA, incide o imposto de renda. É importante colocar no papel o valor disponível para investir, a rentabilidade e fazer uma comparação com o que você investe hoje, pois certamente, mesmo retendo o imposto, terá um valor final maior do que a caderneta de poupança, por exemplo.

Na internet é possível encontrar excelentes planilhas e simuladores de investimento que facilitam a comparação entre diversos fundos. As próprias corretoras *on-line* possuem simuladores, itens importantes para que os iniciantes possam ter a chance de avaliar o caminho a seguir.

Outro ponto importante que merece atenção é a escolha da corretora para gerir seus investimentos, que pode ser *on-line* ou física. No Brasil, operam muitas corretoras *on-line* de renome, que fazem o atendimento virtual com excelência e facilitam a vida de quem está investindo. Entretanto, caso não sinta segurança, uma corretora com instalações físicas em sua cidade é a melhor opção.

Para verificar se a corretora é idônea, ou seja, segura, de confiança, você pode buscar informações em pelo menos três canais: (a) Banco Central, afinal de contas, no Brasil, uma corretora só pode ser criada após autorização desse órgão; (b) Central de Sistemas da CVM, visto que a Comissão de Valores Mobiliários é o órgão que regula o mercado de valores; (c) *site* da B3, verificando se a corretora é certificada pelo PQO (Programa de Qualificação Operacional).

Para quem vai investir apenas em renda fixa, existe uma certificação específica que atesta se a corretora realmente registra os investimentos no CPF e nome dos clientes, independentemente do valor da aplicação, que é o Selo Cetip Certifica. Acessando o *site* da Cetip, é possível verificar se a corretora possui o selo.

Além da escolha por uma corretora idônea, precisamos estar atentos às taxas cobradas, por meio de um cálculo de custo *vs.* benefício para aferir se vale a pena fazer investimentos em determinada corretora. Se as taxas forem muito altas, boa parte da remuneração estará comprometida por esses pagamentos.

Há algum tempo, os bancos deixaram de cobrar para administrar recursos de seus clientes no Tesouro Direto, assim como as corretoras, o que pode ser um facilitador para quem ainda tem receio de buscar uma corretora e operar por meio dela. Por isso, avalie o que o seu banco pode fazer e oferecer, mas lembre-se de que cabe a você decidir o que será melhor. Aliás, no próprio *site* do Tesouro Direto você consegue verificar a taxa cobrada por cada instituição financeira.

Outro ponto que precisa de atenção diz respeito aos profissionais que atuam no mercado financeiro para recomendar investimentos, que devem ter algumas certificações obrigatórias oferecidas por associações como Anbima, Apimec e Ancord. O cliente tem o direito de exigir tal documentação.

O alcance da sua liberdade financeira perpassa por várias fases, mas o essencial é olhar para dentro, praticar o autoconhecimento e identificar o que tem levado você para trás ou lhe mantém obrigatoriamente inerte. O medo pode ser um paralisador ou propulsor em sua vida e, quanto ao tema educação financeira, recomendo que seja a segunda etapa. Se hesitar, uma reflexão pode inspirar:

> *"Muitas pessoas gastam sem medo do endividamento, mas paralisam diante da oportunidade de prosperar."*

Lembre-se de que um dos maiores vilões da educação financeira é a falta de conhecimento, aliada direta do medo paralisante. Para mudar isso, busque se conhecer, invista em novas informações, leia, participe de cursos e treinamentos.

Una a educação financeira aos investimentos e vá em busca da sua liberdade, para resgatar o poder de escolha que deve ser intransferível.

O dinheiro não obrigatoriamente traz felicidade, mas conecta muitas situações que podem trazê-la. Para isso, você precisa se conhecer, fazer uma análise profunda sobre o que veio fazer no mundo, como e para onde está caminhando. A partir daí, perceberá que o autoconhecimento é o pano de fundo das mudanças que geram a liberdade das dívidas e a aproximação da independência financeira. E lembre-se: você é capaz!

REFERÊNCIAS

https://www.infomoney.com.br/mercados/cnpi-cfa-cei-saiba-mais-sobre-os-certificados-para-profissionais-do-mercado/

http://sistemas.cvm.gov.br/?PAS

https://site.guiainvest.com.br/como-saber-se-uma-corretora-e-confiavel/

https://www.cetip.com.br/cetipcertifica

https://economia.uol.com.br/financas-pessoais/noticias/redacao/2018/09/20/bancos-zeram-taxas-investimentos-tesouro-direto-previdencia.htm

https://www.anbima.com.br

https://www.investidor.gov.br/

https://www.bcb.gov.br/

HERICA GOMES

Carioca de nascença e capixaba de coração, sempre foi ligada a números. Desde pequena suas melhores notas eram em Matemática. Em sua primeira graduação, no curso de Tecnologia, dava aulas da disciplina de Cálculo para quem tinha mais dificuldade. Quis o destino que ela entrasse para o mundo do marketing e assim seguiu por 15 anos, atuando, principalmente, como gestora e tendo sob sua responsabilidade o budget, *ou seja, o planejamento financeiro do departamento. Especialista em Gestão Estratégica pela PUC Minas, atuou na parte estratégica das empresas por onde passou, gerindo todas as ações táticas de acordo com o* budget.

Até que em 2015 conheceu a **Metodologia DSOP** *e, desde então, tem aplicado os conceitos e as ferramentas para auxiliar no desenvolvimento de uma sociedade mais sustentável e muito mais feliz. Afinal, a educação financeira tem o poder de transformar vidas.*

POSFÁCIO

EDILSON MENEZES

ARQUIVO PESSOAL

Todo ser humano merece aprender a ver-se livre do endividamento, tornando-se investidor dos próprios sonhos.

Partindo da premissa de que o Brasil e o mundo enfrentam uma das maiores emergências sanitárias de todos os tempos, a pandemia de covid-19, é previsível que as consequências ressoassem nas finanças e fizessem a população de todos os continentes refletir a respeito de como manter os quesitos da boa saúde em várias perspectivas: física, mental, pessoal, espiritual, profissional e financeira. Sobre esta última, objeto de abordagem da obra, foi um período que resultou em escolhas complexas e perguntas difíceis sobre o futuro, especialmente porque o futuro nunca pareceu tão incerto.

No meio de uma crise na economia, como posso livrar-me das dívidas?

Será que eu conseguiria pagar tudo o que devo e virar o jogo, quem sabe me tornando investidor?

Quem atravessou o período mais crítico da pandemia com um pouco mais de tranquilidade, já que tinha reservas financeiras investidas para a jornada da independência financeira, também precisou resolver questões.

Mantenho o dinheiro suado que poupei em investimentos mais conservadores até as coisas melhorarem?

Arrisco um pouco mais, avaliando as ofertas tentadoras que têm aparecido?

Convenhamos que toda dúvida é uma espécie de escuridão, capaz de manter a mente sem saber "aonde ir".

Os especialistas que gentilmente compartilharam seu *know-how* colocaram luz onde antes essa treva mostrava sua força; além disso, ofereceram alternativas, rotas e direções que o senso comum talvez não conseguisse contemplar, dado o fato de que nos envolvemos tanto no problema que a solução tende a procurar refúgio nas sombras e nas profundezas da inconsciência, às quais não conseguimos acesso.

Eis o legado da obra que está diante de seus olhos: a chance de trazer tais soluções para o cotidiano prático, permitindo que a porção consciente da mente possa decidir com lógica e autonomia, fazendo cálculos factíveis e impondo o que deseja, em vez de ser vítima das circunstâncias.

O planejamento e as ações necessárias para os sonhos que alimentamos estão aqui, disponíveis para entendê-los e colocá-los em prática. Veja um paradoxo sobre esses dois elementos:

- Não somos a típica sociedade que faz **planejamento**. Vivemos cercados por um consumismo desenfreado que nos faz adquirir coisas desnecessárias e nos distancia dos verdadeiros sonhos que fazem parte da essência, do propósito de vida.
- Não somos a típica sociedade que **age** em favor da independência financeira, não temos a cultura de disciplina e comprometimento, não aprendemos a poupar para investir com estratégia em um futuro cheio de sonhos. Pelo contrário: por tendência, nos ensinam em sociedade algo como "viva o hoje como se não houvesse amanhã".

O resultado não poderia ser diferente. A sociedade envelhece endividada, sem realizar sonhos, sem reservas financeiras que possibilitem uma longevidade saudável.

Você não precisa fazer parte de tal realidade e, se teve o cuidado de ler cada capítulo, absorvendo cada *insight* para transformar tudo em prática, tenha a certeza de que você passa a ser mais um agente da desconstrução, mais um soldado na guerra contra a escassez.

Assim como o mundo há de testemunhar a derradeira vitória da humanidade na guerra contra a covid-19, você verá o êxito da prosperidade. Logo, o nosso muito obrigado aos autores, valorosos soldados que deixaram tão rica contribuição em cada artigo. Vocês nos ensinaram a mais valiosa das lições.

Edilson Menezes é consultor literário e idealizador da revisão artística, metodologia premiada que tem revolucionado o conteúdo das obras.